おかえり
GINZA

New Style,
New GINZA.

A」

マスクを着用
しています
Wear a mask
消毒/除菌を
徹底しています
Sanitize & Disinfect
密接/密集
対策しています
Maintain social distancing
粋は、
自粛しません
Stay safe,
and keep the Ginza spirit
New Style,
New GINZA.

「おかえりGINZA」2

「おかえりGINZA」の暖簾

企画　株式会社ライトパブリシティ クリエイティブスタッフ一同
CD・C　倉橋洋樹・山根哲也
AD・D　齋藤正明・笹倉恵介
Web Director　山口俊之
Pr　栗本知樹・藤川陽
ECD　杉山恒太郎

REALs
REACH ALTERNATIVES

人と人は違う。
考え方、価値観、宗教、民族、国籍。
違いから生まれた火花が、
人を傷つける争いにならないように。
私たちはつくる、暴力や武力に発展しない道を。
起きてしまった争いから抜けだす道を。
渦中の人に力をとどける近道を。
人と人が、共存できる明日に歩きだす。
その背中を見送って、私たちはまた次の現場へ。

争い予防の
選択肢を、もっと。

「REALs」

「REALs」ポスター

CD　三宅ひづる
AD　齋藤正明
Pr　大和稔
ECD　杉山恒太郎

Creative Lab

Creative
Lab

「風の谷プロジェクト」
https://aworthytomorrow.org/

graphic designer　浅葉球
ECD　杉山恒太郎

〈web site〉
AD・D　井上昌紀
web direction/development　山口俊之

「やんばるアートフェスティバル
2021-2022」

Cl　吉本興業ホールディングス株式会社
A　株式会社ライトパブリシティ
AD　福永武士
C　三宅ひづる
Ph　北岡光
レタッチャー　谷川知幸
Pr　早川康治
ECD　杉山恒太郎
立川直樹（立川事務所）

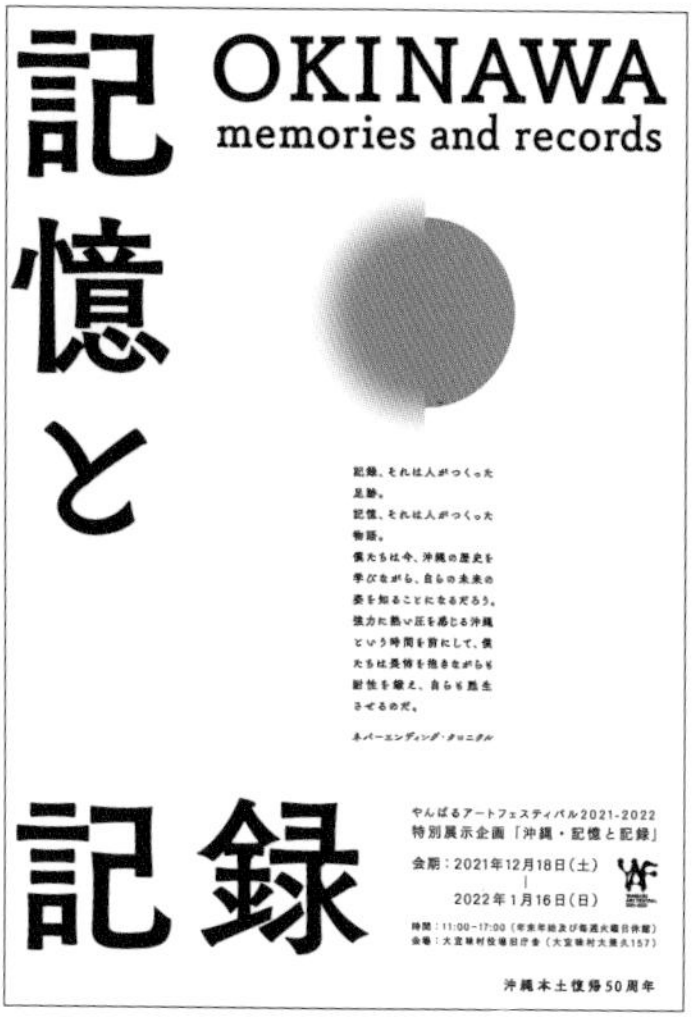

「記憶と記録」

AD　笹倉恵介
Pr　早川康治
ECD　杉山恒太郎
立川直樹（立川事務所）

CHIKUMAGAWA

Wine

GO-ROUND

「千曲川ワインゴーランド」

AD　鈴木奈々瀬
ECD　杉山恒太郎

「日本国際漫画賞」WEBサイト
https://www.manga-award.mofa.go.jp/

AD・D　石田直久
web direction　山口俊之
ECD　杉山恒太郎

広告の仕事

広告と社会、希望について

杉山恒太郎

光文社新書

はじめに――広告から〝公告〟へ

「人の価値は財産ではなく、他人と分かちあったものの量」

オードリー・タン

環境変化とともに変わる役割

「遍《あまね》く広く告げる」と書いて「広告」だけれど、僕は「公に告げる」と書いて「公告」という感覚が現代では必要だと思っている。

「公」＝パブリックの意識を持った新しい伝え方をしないと、広告には明日はない。逆にいえば、「公告」に姿を変えることで、広告はまだまだ多くの人々に必要とされていくはずだ。

公共広告に関わっているときから、このことは仄《ほの》かに感じていたが、蒙《もう》が啓《ひら》かれ確信に変わったのは比較的最近、「プロボノ」を始めてからである。詳しくは第5章に譲るが、プロボノとは、専門家が専門知を生かして行うボランティア活動のことである。プロボノはまた、近年注目されている「利他」にも通じる。

広告は産業革命以降の大量生産・大量消費の申し子だ。大量生産・大量消費のエンジンとして長年その役割を果たしてきたが、量や規模の経済が明らかに終焉を迎えようとしている今、その役目を終えようとしている。では、広告が終わったかというと僕はそうは思わない。

これまで広告が培ってきたコミュニケーションの経験値や技術、そして直感力などを侮《あなど》ってはいけない。これからも世の中に必要とされるコミュニケーション技術だと思う。

それは何かといえば、大量生産や大量消費ではない、量や規模ではない、人の喜びや幸せにつながるものだ。

具体的には、何らかの社会課題——貧困・格差、分断、紛争、麻薬、ＳＤＧｓ、ジェンダー平等、ＬＧＢＴＱ＋、ブラックライブズマター（ＢＬＭ）——などの支援・解決につながる行動である。これらの課題はすでに可視化されているが、まだ見えていない社会課題の発見も含まれる。

こうした社会課題が解決されれば、世界中の多くの人々にとって福音となる。社会課題の「社会」とは「官」でも「民」でもない「公」＝パブリックである。この「公」の課題に対して何をどういうふうに提案するか、「公」意識をどれだけまとえるか——社会的視点をどれだけ持てるかが、現在の広告の最大の課題である。そしてそれが実現できれば、十分にビジネスとしても成り立つと僕は考えている。

若い人たちを中心に盛んに行われているソーシャル・ビジネスは、すでに大きな成果を上げている。ソーシャル・ビジネスに取り組む若い社会起業家と会うたびに、その自然な振る舞いに感銘を受け、期待し、希望をもらう。彼らのような感覚が、広告（公告）でも必要なのではないか。

ただ、それを実現するためには、広告に関わる人間のマインドセットを変えないといけない。われわれが活躍できる場所はまだたくさんあるが、そのためにはわれわれは姿を変える必要がある。「変わらないために、変わる」。ヨーロッパの古諺《こげん》だ。

これまで何度も書いてきたことだが、この源流は二〇〇七年、アル・ゴア元アメリカ副大統領が、カンヌ国際広告祭で「グリーンライオン」を授与された際のキーノートスピーチに遡《さかのぼ》る。彼は世界の広告界の重鎮に向かって「皆さんのコミュニケーションの経験と技術をもっと世の中のために使ってほしい」と語り、万雷の拍手を浴びた。

これを機に、世界の広告界は「フォー・グッド（FOR GOOD）」「ソーシャル・グッド（SOCIAL GOOD）」というキーワードを中心に動き始めた。すなわち、より良い世の中を目指すことに寄与しているか否かが広告に強く求められるようになり、評価の対象ともなっていったのである。

それは広告だけの話に留まらず、企業にも「フォー・グッド」「ソーシャル・グッド」を実現するためのブランドパーパス（Brand purpose）――そのブランドが存在する意義が求められるようになった（もはや流行り言葉となり、消費されつつあることを危惧しているが）。ＳＤＧｓなど社会課題に配慮したより良い商品やサービスを提供する――そうしたブランドパーパスなき企業は生き残れない。そして、そのブランドパーパスを最良の形で広く世の中に伝えていくのが、広告――公告の大きな役割となる。

それはこれまでのような人々の需要を喚起するための広告ではなく、人々の意識を変えていく広告だ。〝世の中の価値の転換を図る〟という、実は広告本来の役割に先祖帰りしたともいえるが、いずれにせよ、広告は大きな役割をまた新たにもらったのだ。

そのための練習台としてプロボノは非常に価値がある。一回、社会のために無償で仕事をする経験にドップリ浸かることで、脳の新たな部分が開いていく感覚がある。これまで培ってきた広告のノウハウをプロボノで実践すると、こんなふうに生かせて、しかもこんなに喜んでもらえるということが体感としてわかる。それを経験してからビジネスの世界に戻ると、「公告」に向き合えるようになる。

僕自身、公共広告の制作経験、社会性が重視されるようになった世界の広告の潮流、そこにプロボノの実践が加わったことで「公告」という言葉に行き着いたのだ。「公告」のセンスを身につけることで、広告業界はかつての元気を取り戻せると僕は考えている。

本書の構成は以下の通り。

第1章の「広告から公告へ」では、広告の力が落ちた原因を探りつつ、その復活のための方法論を模索する。

第2章の「僕のクリエイティブ・ライフ／a day in the life.」では、最初期のラジオＣＭの時代からテレビＣＭ、インターネット広告、現在のライトパブリシティ移籍後の仕事人生を振り返りながら、広告の変遷、広告に関する基礎知識、僕自身の考えを述べていく。

第3章の「クリエイティブを支えるもの」では、僕がどのようにクリエイティブを生み出してきたのか、その根底にある思考法や習慣をまとめた。

第4章の「公共広告の世界」では、僕に「公告」という発想をもたらしてくれた原点である公共広告の世界との出合いと、それへの取り組みについて述べている。

第5章の「プロボノという幸福《シアワセ》——人はなぜ他者に与《あた》えるのか」では、プロボノとの出会いと実践を通じ、そこに広告復活の可能性を見出したプロセスについて語っている。

特別対談では、かつての電通の後輩・山口周くんにご登場いただいた。ここまでの内容を踏まえた上で、広告ビジネスの可能性、さらに広告という枠からはみ出て、仕事とは、クリエイティブとは、といったことについてざっくばらんに語り合った。

本書の中心読者は広告業界の人々、その中でも主に若い人たちになるだろうが、他の業界の方が読まれても、大いに役立つ内容になっていると思う。なぜなら、広告業界が置かれている苦境は、他のすべての業界にも共通するからだ。

変化しなくては生き残れない。ではその変化をどのように生み出すか？

本書がその一助となれば幸いである。

「創造を続けるなら、変化を恐れるな」
マイルス・デイヴィス

補足「利他は人が行うのではなく、生まれるものである」

若松英輔さんは、『「利他」とは何か』（共著、集英社新書）の中で、陶芸家・濱田庄司の言葉〝今の願いは私の仕事が、作ったものというより、少しでも多く生れたものと呼べるようなものになってほしいと思う〟を引用し、「利他」をこう説く。

「利他は人が行うのではなく、生まれるものである」

〝プロボノのすすめ〟を提唱し実践している僕にとっては、願ってもない見識であり、心強く感じた。

一時期〝公共広告〟にのめり込んでいたのは、突然〝社会正義〟に目覚めたわけではなく、カンヌ国際広告祭（現・カンヌライオンズ）の場で、海外の公共広告のレベルの高さに愕然とし、広告クリエイター（表現者）としての憧憬と羨望から、世界に向けて挑戦したものだった。

その結果として、人々を笑顔にすることができ、何らかの役に立てたとしたら望外の喜びだ。そこで斜に構えるほど、僕もひねくれてはいない。

しかしながら、人に何かしらを施す行為には、常に〝後ろめたさ〟が付きまとう。そういうセンスを忘れたくないと僕は思う。

> 利他的な行為には、時に「いい人間だと思われたい」とか「社会的な評価を得たい」といった利己心が含まれています。利他的になろうとすることが利己的であるという逆説が、利他／利己をめぐるメビウスの輪です。
>
> （中島岳志『「利他」とは何か』「おわりに――利他が宿る構造」集英社新書、Ｐ２１０）

本書から、プロボノとは「与える／与えられる」を超えて、それぞれが己の〝自由を手に入れる行為〟であることを感じとっていただけたら本懐である。

二〇二一年九月二六日

スペイン　バスク地方・ゲルニカの街／ピカソの壁画を前にして

目次

第1章

広告から公告へ

広告はなぜ嫌われるのか？

今、広告は嫌われている。理由は簡単で、嫌われるような広告を作っているからだ。

いや、「今」というのは語弊があるかもしれない。そもそもテレビＣＭは昔から〝トイレタイム〟といわれ、お茶の間（死語！）のおジャマ虫として疎《うと》まれてきた。だからこそ広告人は、より面白いもの、より美しいもの、時には役に立つものを作らなくては！と、睡眠時間を削り、汗水を垂らしてきた。その謙虚さを今一度持たなくてはと、自戒を込めて思うのだ。

何年か前、メディアの人たちが集まる大会でスピーチを頼まれた。そのとき僕に与えられたテーマは大変重いものだった。

最近、尖ったことをやるとすぐにクレームが来る、だから広告が臆病になり、どんどんつまらなくなっている、この現状をどういうふうに認識しているのか話してほしい、具体的にクレームが来たＣＭを一〇本くらい挙げて、どういう表現がまずかったのかクリエイティブの視点で解説してほしい、ということだった。

ただ、僕は、「この表現はあり得ないよね」「この会話はあり得ないよね」といったことを解説してもつまらないと思った。

そのときにフッと気づいた。クレームが来るＣＭは全部、つまらないんだ。ジェンダーなど差別的な表現云々以前に、見て面白くない。つまらない。人はつまらないものを見せられると、イライラして文句をつけたくなったり、あら探しをしたりする。つまらないというのは、たとえばオチがオチになっていなかったり、ドラマになっていなかったりするもの。平たくいうと、見た人が共感できない。逆にものすごく面白かったり、ものすごくきれいだったりしたら、クレームは来ないかもしれない。

そういうスピーチをしたら、「それは気づかなかった」「素晴らしい視点だ」という反応があった。

広告は視聴者に無理やり見せるものだ。「待ち伏せ」といったりもする。見たくなくても否応なく飛び込んでくるわけだ。たとえば、サッカーの日本代表戦ですごく高揚しているときにバーンとＣＭが入ってきて、しかもそれがつまらないものだったら、人によってはその場で抗議の電話をかけるだろう。

なぜつまらない広告ができるのか？

長きにわたる盟友で稀代の音楽プロデューサー・立川直樹、伊丹映画のほとんどの作品の音楽を手掛けている通人でもある。ある日、いつもの人なつっこい笑顔でこう切り出した。

「こうちゃん、何で今のＣＭはどれもこれも朝から晩まで大騒ぎで踊ってばかりいるの？　はしゃぎすぎじゃない？」

この問いに僕はぐうの音も出なかった。確かに昨今、人数をかけて乱舞しているＣＭがテレビを占領している感が強い。スポーツ中継以外あまりテレビを見なくなってしまった僕でさえそう思う。

かつて幕末の不安な世相を反映するかのように、日本中でシンクロニシティ的に沸き起こった「ええじゃないか」の民衆運動を想起させるような〝熱気〟を、ただ静観するしかないのか？　歳なのか、とても明るい気持ちにはなれない。

この状況を、正直まあ「ええじゃないか」と僕自身も見過ごしてきた。〝考える〟のは面倒くさい、ましてＣＭで〝考えさせられる〟なんてまっぴら余計なお世話だよね。

いまだ現役である由にて軽々しくはいえないけれど、今の若い広告制作者たちの置かれている現場は大変だ。その大変さはクライアントの担当者も同じに見える。「とにかく誰にでもわかりやすいものを」の一言に羽交い締めされ思考停止を強いられる。この場合の〝誰にでも〟の〝誰〟とはいったい〝誰〟のことなのか？　〝わかりやすい〟の〝わかる〟の意味は何なのか？　〝皆で踊る〟のはその正しい答えなのか？

　広告は表現ではあるけれど芸術ではない。リアルビジネスであるし経済活動だ。だからこそ最も時代の空気に影響を受ける表現だと思う。

「反知性主義」という言葉が世界を覆っている。この言葉がいやなのは、知性の有無ではなく知性そのものを忌み嫌ってるところだ。僕はけして知性派ではない、けれど知性には憧れるし知性的でありたいと思う。

「先輩、最近テレビＣＭがあまり効かなくって！」と後輩にいわれたら、「そりゃ、おまえの作っているのがつまらないからだよ！　テレビのせいにしちゃダメ！」と答えることにしている。これは僕なりの後輩たちへの励ましだし「がんばれ、負けるな！」という熱いメッセージなのだ。

　インターネットの台頭で相対的にマスメディアは劣勢だし、企業の宣伝部も社内での影響力が問われていると聞く。だからこそ、今、広告から〃公告〃へのマインドセット（心の構え方）の転換を伝えるためにこの本を書いた。

僕は〃考える〃ことが好きだし面白いからこの仕事を続けている。皆さんにも（特に若い人たちへ）けして思考停止に陥らないで、考えることを愉しんでもらいたいのだ。

最近、頁を開くたびに納得の連続で一気に読み切った本があったので、そこからの言葉を紹介したい。

> そもそも思考というのは、生物学的には多くのエネルギーを消費する行為です。（中略）しかし、遺伝子に抗って思考するという非効率的な行為こそが、人類にとって唯一の希望であると、私は考えています。
>
> （高橋祥子著『生命科学的思考』NEWS PICKS PUBLISHING、P7～8）

番組よりCMが面白いといわれた時代

若い人たちが置かれている状況が厳しいことは承知しつつ、一つ気になる点を指摘しておきたい。それは、目標が小さくなっていることだ。彼らの目指すところが、僕たち世代が作ってきたＣＭになっているのである。嬉しい半面、それでは新しい発想は出てこないように思う。

昔は良かったといいたいわけではないけれど、僕たちは映画やテレビドラマと張り合っていた。その結果、日本のＣＭは番組より面白いといわれた時代もある。「おまえか、このＣＭを作ったのは。おまえのＣＭが流れると、俺の番組がつまらなく見えるんだよ」と放送局の著名ディレクターから電話がかかってきたことがある。嘘のような本当の話。でも、今番組を作っている人たちは、ＣＭをライバルだなんて思っていない。眼中にもないはずだ。

当時は僕たちのほうが実際にお金をかけていたので、映像の美しさや光の深度がまったく違った。番組制作者が僕らのことを羨ましいと思っている時期は確かにあった。不幸にも若くして亡くなった杉山登志についての著書『ＣＭにチャンネルをあわせた日』のタイトルのように、好きなＣＭのためにテレビを見る若者たちが本当にいたのだ。

ＣＭのレベルが高かったのは、最良の映画や芝居、音楽、本などをどん欲に吸収しながら育ってきたからだ。それらに対するコンプレックスがあるわけではない。僕らはそういうものに対するコンプレックスをなくした最初の世代だと思う。

僕たち世代の広告表現は、上等とか否とかではなく、まったくジャンルが異なるもの。番組という表現、映画という表現、芝居という表現、テレビコマーシャルという表現が横並びにあって、僕はたまたまテレビコマーシャルでトップを取ろうと思っただけ。だから〝もっと遠く〟を見ていた。

でも、あるときから本を読まなくても、映画を観なくてもＣＭは作れるようになった。僕たちが作ってきたものがお手本として存在するからだ。

それでは、過去の作品を超える斬新なアイデアは生まれにくい。結局、「〇〇さん、出てくれませんかね」とタレントさんに頼ることが多くなる。逆に、面白い企画があって、これをもっと効果的にウケさせたい、だったら無名の人よりも〇〇さんにお願いしたらもっとパワーが出るよね、というのは真っ当な考え方だと思う。

あの人があのときつくった作品のようなものをつくりたい、あれが目標です、と若い人たちがいうのは、いわれる側はとてももうれしいだろうし、クリエイター冥利につきるだろうけど、彼ら自身の成長のことを考えるなら、それを超えることを考えてほしい。そうじゃないと、自分自身の可能性を、はなから先輩クリエイターのレベル内に閉じ込めてしまうことになりますから。

じつは僕自身も、このあたりのことは若いころから少し気にしていて、あえて自分の目標を広告の世界に閉じ込めないようにしていました。広告も、テレビ番組も、映画も小説も、すべて自分のライバルだと思っていたんです。

（杉山恒太郎著『クリエイティブマインド』インプレスジャパン、Ｐ１３３～１３４）

消えた鬼の宣伝部長

これにクライアントの問題も絡んでくる。

かつてクライアント企業の宣伝部は非常にプライドが高かった。会社の中でも花形の部署だった。でも人事制度の変更により、頻繁に異動が行われるようになって宣伝一筋というようなプロがいなくなった。また、多くの企業が事業部制を取り入れ、予算がどんどん事業部のほうに移り、宣伝予算もデジタルに移っていった。そうしたいろいろな要素が絡み合い、とても残念だけど、宣伝部はかつての華やかさを失いつつあるように感じる。

昔のそうそうたる企業には鬼の宣伝部長といわれる人がいて、社長の強力なブレーンの一人でもあった。

そういう企業に呼ばれて宣伝部長の前でプレゼンテーションをする。「おまえ、これ、ほんとにやりたいのか」「ぜひやらせてください」と答えると「わかった。撮影の準備をしておけ。俺が社長を説得しておくから」。こういう会話が本当にあった。

開高健がサントリー宣伝部にいた頃、嘘のような本当のようなこんなエピソードがあったと聞く。たぶん半分以上、本当だろう。真っ白いボードに「時間がなくてすみません。ここにすごい写真が入るんです」「すごいねえ」「ここにめちゃくちゃ面白いコピーが入るんです」「やるじゃない。それでいこう」みたいな（笑）。そういうことが起きても不思議ではない時代だった。

この人にＣＭを頼むのだから任せようという、クリエイターをリスペクトする空気があった。


マキシムのコマーシャルソングとして出来上がったのが「熱き心に」（編集部注：小林旭、作詞：阿久悠、作曲：大瀧詠一、一九八五年）。ところが歌詞の中に「くちびるにふれもせず」という言葉があって、クライアントが「くちびるにふれないとコーヒーは飲めません」と言ってきた。当時は僕も突っ張っていたから、「一行たりとも変えたら、この仕事は続けられません」と言って突っぱねたんですけどね。それぐらい真剣にクリエイティブに向かい合っていたし、そんなこと阿久さんに言えないでしょう？「すいません、クライアントが『くちびるにふれないとコーヒーが飲めない』と言っているので、詞を変えてください」なんて。大瀧さんの僕を見る目も変わるだろうし、「なんだ、結局、代理店の手先みたいなやつだったのか」と思われるのは男子のプライドが許さない（笑）。

僕らは、そこは頑張らないといけない。いろんなことがありますけどね。若い頃、別のあるクライアントにコンテを説明していて、灰皿を投げられたこともあります。やり直して当たり前に思ってる部長だったんです。で、あるとき「この人、コンテを一度も見てないな」とわかったので、「ちゃんと見てないでしょう？」と言ったら、「生意気だ！」って言われて灰皿が飛んできた。

（杉山恒太郎著『僕と広告』グーテンベルクオーケストラ、Ｐ99〜101、一部改変）

ＣＭは「作品」ではないけれど……

ＣＭで「作品」を作っている奴と揶揄《やゆ》されることも多々あった（汗顔）。一時期ＣＭブームがあってクリエイターが注目されたり、コピーライターブームみたいなこともあった。そのときはちょっとやりすぎでは、と思ったこともある。ＣＭ制作は一般世間的には匿名の仕事だから、匿名で表現者になれるという非常に幸せな場なのに、ね。

もちろんＣＭは作品ではない。裁量権、決定権を持っているのはクライアントだ。ただ、作り手に対する敬意がないと簡単に崩れてしまう世界ではある。あの人に頼むんだったら、やりたいことをやらせてあげようというそれなりのリスペクトが必要ではないかと思う。非常に言い方が難しいが……。

僕は広告を作品だとは思っていない。ただ、あるときから敢えて「作品」と書くようにした。そうしないと、クライアントが自分の事情だけを押しつけて作ったシロモノを、そのまま世の中に出してしまうから。クライアントにも一緒に「作品」を作っているという意識を持ってもらいたいと考え始めたからだ。

クライアントの工場で作られたものは「製品」である。それが一歩世の中に出ると「商品」になる。その「商品」の良さを訴求するのが宣伝で、われわれはそれを助ける存在だ。「製品」が「商品」になると、それは一気に社会的存在へと変わる。したがって、それにまつわる広告も実は社会物なんだ。それを忘れてはならない。広告は強引な自己紹介でも単なるお知らせでもない。

繰り返しになるが、僕は広告を作品だとは思っていない。だけど「作る」ことに対するリスペクトは必要だし、クライアントの事情だけでできたＣＭが世の中へ出ていくと、世間の目というフィルターが消えているから、先ほど触れたＣＭ炎上が起きたりもする。そうすると、損するのは結局はクライアントだ。せっかくＣＭを打ったのに負の連鎖にハマってしまう。

広告代理店はコミュニケーションコンサルだった

かように広告を巡る状況は厳しいが、僕自身は精一杯面白いものを作っているつもりだし、諦めてもいない。

かつて大きな広告代理店は、一つのコミュニケーションコンサルでもあったのではないか。クライアント――宣伝部に対するメンター（良き指導者、助言者）であり、彼らを育てた部分もあったと思う。だから宣伝部というものがまだ存在し得るなら、宣伝部の目利きを作っていく必要がある。われわれは所詮、クライアントの手のひらの上で踊っているだけだ。この手のひらがどれだけ豊かで温かくて、しかも世間を読み解くリテラシーがどれだけ高いかがすごく重要だ。昔は広告代理店が、それを含めてメンターを担っていたと思う。

クライアントの社員は、みんな高学歴ですぐれているけれど、その企業に入ると、その企業の商品が自分の命の次に大事なものになってしまう。でも、その商品は世間に出ていくと、数多ある同種の商品の一つに過ぎない。それをきちんとクライアントに伝えていくのが、宣伝部と付き合う広告代理店の大きな役割の一つだと思う。それが自らのクリエイティブのクオリティを高く保つことにもつながっていく。

今はコンサルティングファームが隆盛を極めている。ただ、彼らにはクリエイティブの能力はないし、アウトプットまでは保証しない。結局誰かがアウトプットする必要があり、その意味でも広告代理店の役割は重要だと思う。

基本的に、世の中は広告に期待しなくなっている。それは繰り返しになるが、広告がつまらなくなったから。また、規模や量の経済が縮小していく中で、大量生産、大量販売のエンジンであるマス広告が役割を終えた部分もある。ただ、今まで何十年も培ってきた広告コミュニケーションのスキル、経験値や直感力などを生かせる場は、まだまだたくさんあると思う。

広告の『不都合な真実』

「はじめに」でも触れたが、米元副大統領のアル・ゴアが『不都合な真実』という映画を作り、世界中を行脚《あんぎゃ》しているときに、カンヌ国際広告祭は彼を招聘して、カンヌライオンズを授与した。本来、カンヌライオンズはゴールドだけれど、それをグリーンに塗った「グリーンライオン」を渡した。

そのとき、アル・ゴアは「広告の皆さんが持っているコミュニケーションの力、経験値をもっと世の中のために使ってください」という旨のスピーチをして万雷の拍手を受ける。それを機に、広告の世界に「ソーシャル・グッド」という概念が広まり始める。それはどんどんエスカレートして、ディスアビリティやジェンダーイコールといった、社会問題に向き合っている広告でない限り、世界では評価されなくなってきた。

この受賞をきっかけに、世界の広告界は、「FOR GOOD（フォー・グッド）」畢竟「SOCIAL GOOD（ソーシャル・グッド）」へ目を向ける。よりよい世の中を目指すことに寄与しているか否かが広告に強く求められるようになり、評価の対象ともなっていった。

この流れは一気に世界中へ浸透する。インターネットの普及。そこから生まれたSNSなどの浸透は、かつてないほど世の中をリアルにし、同時に、広告による安易なおとぎ話のメッキははがされ、世の中を動かす力が急激に衰えたかのように見えた。

（杉山恒太郎著『アイデアの発見』インプレス、P129～130）

一方、そういう潮流に対して、所詮俺たちは広告をやっているんだから、そんなの行きすぎだよというものすごい反発もある。

行き過ぎた「FOR GOOD」は、それはそれで表現を痩せさせるし退屈なものにする。「正しそうだけど、面白くない」という表現のジレンマに陥りがちだ。

（杉山恒太郎著『アイデアの発見』インプレス、P131）

カンヌライオンズ（カンヌ国際広告祭）を見ると、この四、五年は、社会問題に取り組んでいない広告はほぼ評価されなくなってきている。だから日本の広告は全然評価されない。ただきれいとか面白いだけではダメ。ただ、日本の人たちはカンヌはやりすぎだ、あんなのついていけないという。

広告は時代を映す鏡だという古臭い定義がある。本当にそうならば、やはりどんな商品の広告であろうと、今の社会問題に向かい合っていないものはリアリティを持たなくなってきているのは事実だ。

たとえばナイキは、人種差別に対する抗議から、国歌斉唱時の起立を拒んだアメリカンフットボール選手のキャパニックを起用したブランド広告を展開。これにより不買運動が勃発したが、株価を落としてまでも続けることで世論が大逆転。その後、株価はナイキ史上最高値をつけ、売り上げも30％増になった。その本気度、そこまでやるすごさたるや。

ブランドパーパスの時代

広告に関連して、ここ一〇年ぐらいずっと「ブランドパーパス」ということがいわれている。「パーパス」は直訳すれば「目的」だけれど、「ブランドパーパス」というのは企業の社会的存在理由のことだ。それをきちんと表明しない企業はもう生き残れない。低価格の商品のメーカーも高価格のところもみんな同じで、無視できなくなってきている。

たとえば、大坂なおみの社会的発言に対して、日本での反応はどうだったか。日本ではこれまで、スポーツ選手や芸能人の政治的発言はタブー扱いされていた。「芸能人のくせに生意気だ」みたいな反応が多かった。でも、大坂なおみ以降、少し変わってきている。自分が少なくとも社会人であるという意識が芽生えてきている。

ただ、社会（パブリック）というものに対するわれわれ日本人の認識の希薄さはちょっと特殊に思える。個人・家族・社会・国家という括りにおいて、日本は家族と国家はあるけれど、個人と社会が希薄なように感じる。

かつて広告にはパワーがあった。たとえば、いまだに広告のお手本の「Think small.」や、我が国の「ディスカバー・ジャパン」「モーレツからビューティフルへ」のように、世の中の大きな価値観が変わっていく空気を誰よりも早めにキャッチして、世の中を啓蒙していくことができたからだと思う。それによって広告代理店の社会的地位が上がっていった歴史もあるのだ。

また、産業革命から始まって今日に至るまで、広告は世の中の成長のエンジンであり、ガソリンであり、アクセルだった。それによって1が10になったり、1が100になったり、時に1が1万になったりした。

今、一番のテーマはブランドだ。ブランドを維持していかないと、企業の競争力や発展につながらない。そのためにはブランドパーパスをはっきりする必要がある。

ブランドというのは、当たり前だけれど、企業が自ら起こすものだ。だから0→1の作業。でも、広告とかマーケティングは1のものを10にする、100にする、1万にするという機能を持つ。0→1の作業は残念ながら広告やマーケティングでは難しい。こういうことをしたい、こういうものを作りたいという動機は広告やマーケティングにはないからだ。

今流行りの、たとえばデザイン思考とか、経営とデザインとか、アート思考とか、デザインシンキングとかは全部０→１の話。０→１は限りなくアートやデザインに近い。

現在のように、成長の限界が見えてきた時代には、１を大きくしていく広告の力が思うように発揮できなくなっている。でも、広告の持つ限られた時間やスペースで、最大限表現をしていくという独自の手法は、これからもますます使えるはずだ。

加えて、かつて広告が大量生産・大量消費のエンジンであった時代には、先ほどの１→10、１→１００が僕らの仕事だった。けれども、今のように成長の限界が見えてきた時代には、広告の技術や力を０→１に生かしていきたいし、十分に寄与できると信じている。

チェーザレから始まったポーラのブランディング

それは今や遥か昔、二〇一三年九月に掲載された「日本経済新聞」三〇段のポーラの全面広告に遡る。僕はこの広告に、絵画のように精密な漫画家・惣領冬実のキャラクター「チェーザレ」を起用した。

電通時代から知人を介して知り合いだった現・ポーラ鈴木会長との再会、そのとき、直感したことをそのまま企画にしたものだ。

「あの甘いマスクの王子は、立派な王様になっていた！」

鈴木会長の姿にルネッサンス史上最も稀有な英雄「破壊の想像者　チェーザレ」を見たからだ。そして、〝２０１３年　ポーラ・ルネサンス、はじまる。〟とコピーを添えた。

芸術に造詣《ぞうけい》が深い鈴木会長は「ルネサンス」という言葉にかなりの抵抗を示された。「恥ずかしい！」と。僕はすかさず「美術史のそれではなく〝ポーラのルネサンスですから〟と応え、渋々快諾（微苦笑）を得る。

いよいよポーラのブランディングの旗は振られた。キャンペーンの開始の表表紙として、新聞メディアを使うのが僕のやり方だ。

だが、そこから快進撃！とは実はいかなかった。どこの会社にも抵抗勢力は必ずいるもので、特に男性陣は変わることを嫌がる。

孤立無援状態の僕とともに逞しくキャンペーンを遂行してくれたのは、社内の渡邉和子さん、及川美紀さん（現・社長）。両氏とも闊達な女性だ。

独自のポーラレディコミュニティから、さらにリアル社会へ向き合おうという大きな流れを創出するべく、サイエンス＆アートというスローガンにエンゲージメント（心の琴線まで触れ合う関係）という言葉をプラスしたいという僕の意図を「ラブ」という言葉に置き換えたのは原野守弘CDだ。

コーポレートロゴも刷新し（服部一成による水滴をイメージしたブルーの素敵なデザイン）、社員の行動規範までも新たに作成させていただく。

タレント広告をすべて止め、デパートへの出店から路面店へと販売チャネルの一大変革も進んだ矢先の二〇一七年、最大のヒットコスメ、リンクルショットも誕生した。

「ポーラというと、訪問販売で高級化粧品を売っている会社とばかり思っていたのに、いつの間にか変わっていたんですね」と、驚きを隠さず語ってくれた業界の重鎮の方まで現れたのには、「目指していたものが届いた！」という確かな実感を得て嬉しかった。

今取り組んでいるのは箱根のポーラ美術館のリニューアルだ。「森の中の世界一美しい美術館」というシンプルなコンセプトを立て、それに基づく価値の再定義を図った。

僕はここで必ず「ミッション・ステートメント」の作成を行う。つまり価値の再定義の〝言語化〟である。ここさえクライアントの承諾を得れば、デザインはじめその後のクリエイティブ表現で揉めることはまずない。だからこそステートメントは、一字一句細心に丁寧に書き進める。これこそブランディング作業の「キモ」だと僕は考えている。

そうしたプロセスを経て、ポーラ美術館に現代アートのようなモダンなロゴデザインが誕生した（長嶋りかこ）。

たとえば直島の地中美術館やスペイン・ビルバオのグッゲンハイム美術館のように、美術館は今や展示される作品ばかりでなく、その建築物を見たくて世界から人が集まる時代だ。そこで忘れてはならないのはアイコン。両人気美術館は、直島なら草間彌生《やよい》のポップなドットの南瓜《かぼちゃ》が、グッゲンハイムならジェフ・クーンズの巨大な犬・パピーが客を誘っている。

今回、予想を超えて嬉しかったのは、入り口のサインタワーやレストランのコースターにデザインされた新ロゴが、来館者によってＳＮＳで拡散されていること。まさに当館のアイコンとして機能し始めているのである。今さらながら「デザインの力」というものを思いっきり知らしめた。

二〇二一年の暮れ、予期せぬ嬉しいニュースが飛び込んできた。ポーラ美術館がトリップアドバイザーの日本の美術館人気ランキング２０２０で見事二年連続の一位を獲得したのである。

「ポーラ」新聞宣伝

CD　石川勉
AD・D　浅葉球
C　廣部尚子
　杉山恒太郎
PH　宮永慶太
キャラクター作画　惣領冬実
Pr　安田あゆみ
ECD　杉山恒太郎

「ポーラ美術館」

CD　内藤久幹
　(コミュニケーションデザインセンター)
C　山根哲也
AD・D　長嶋りかこ(village®)
Pr　井上貴人・藤川陽
ECD　杉山恒太郎

「ポーラ美術館」WEBサイト
https://www.polamuseum.or.jp/

Web Director　山口俊之
Web Design　Semitransparent Design™
Planning・Editing　伊藤総研株式会社

広告とは価値観の変容を促すもの

広告という言葉の英訳はアドバタイジング（Advertising）だが、実はその二つは、重なる部分はありつつ、似て非なるものだと僕は考えている。九〇年代の初めに、カンヌ国際広告祭（現・カンヌライオンズ　国際クリエイティビティ・フェスティバル）の審査員を経験したときに、そのことに気づかされた。

日本語の広告は遍く広く伝えることで、アドバタイジングはもっとひねりを効かせて相手を説得するようなニュアンスがある。ひねりというのはアイデアということ。アドバタイジングというのは欧米の人たちが考えた説得の手法なんだ。

もっというと「相手の価値観の変容を促す」のがアドバタイジングで、日本の広告はどちらかというとＳＰ（セールスプロモーション）に近い、ということになる。

実は僕は、どちらかというと「アドバタイジング」の意味で「広告」という言葉を使っていることが多い。

僕は欧米のアドバタイジングが好きだけど、日本で行うのは難しいところもある。広告は〝地場産業〟でもあるから。あと、ときには広告も面白いんです。アドと広告はそんなにきれいに分けられるものではないけど、状況に応じてアドをやろうとしてみたり、広告で面白いことをしてみようと思ったり、二刀流を使うことにはなります。

（杉山恒太郎著『僕と広告』グーテンベルクオーケストラ、Ｐ１０９〜１１０）

人の心を動かす広告とは

広告やコミュニケーションは「共感」がないと成り立たない。「共感」は英語では「エンパシー（empathy）」という。

広告は、商品の自己紹介だと思われている節があるが、そうではない。商品のスペックではなく、社会的な価値や役目、存在理由などを伝えていかないと共感は生まれない。つまり人の心を動かすことはできないのだ。

人間にたとえると「僕は身長が一八〇センチあって、ハーバードを出ています」という自己紹介ではなく、「僕はこう見えても涙もろくて、実はビンテージの時計が好きなんです」

というように、人柄や自分が愛するものを伝えるのである。

後者のほうが「あっ、そういう奴なんだ。こいつとは気が合いそうだな」という共感が生じやすいだろう。一言でいえば、「性能を語るな、性格を語れ」となる。

ある商品のスペック上の差別化ポイントを伝えて購買につなげるのは「説得」だ。一方、あるブランドを長く愛してもらうには「共感」が必要になる。スペック主義だと一瞬の説得力はあるが、その商品を長く使ってもらうまでには至りにくい。ブランドとは結局、社会への約束と自らの人格表明に尽きると思う。

> 共感を得るためには、物語が必要です。そこで、ストーリーテリングが広告屋さんの重要な仕事の一つなんだということで、これまでは商品そのものより、やや強引に物語を作ることに注力してきたように思います。（中略）でも、今の時代にエンパシーを生むには、フィクションよりもむしろノンフィクションが必要だと思うのです。ＳＮＳで共有・拡散がすぐになされるようなネット時代に突入したことで、作られたもののそらぞらしさがすぐにわかってしまうようになったんですよね。
>
> （「マーケティング・リサーチャー」Ｎｏ．１２９、Ｐ23）

あらゆる職業はパブリックサービスである

二〇〇二年のワールドカップの招致のとき、僕はクリエイティブ・ディレクターを務めていた。そして、招致を争うライバルの韓国にはチョン・モンジュンがいた。彼は真のリーダーだった。韓国の東大といわれるソウル大を出て、アメリカのジョンズ・ホプキンス大学国際関係大学院で博士号を取得しているインテリだ。東大でも一年半ほど研究生活を送っており、日本のこともよく知っていた。

その彼が海外誌のインタビューで「あらゆる職業はパブリックサービスなんだ」と発言していた。それを見て、なんてかっこいいことをいう人なんだと、ときめいた。さすが国際的な視座を持っている人は違う。敵ながらあっぱれというか、ちょっと憧れた。

「官から民へ」とわりとお気楽にいわれるが、官のものを民で請け負うのに、真ん中のパブリック＝公という概念を民が持っていないと、とんでもないことになる。完全に身勝手なビジネスを始めてしまうから。公というのが今、一番問われている。その公を意識して発言していくのが広告だと思う。

それを捨てると、広告は本当に空疎に見えてしまう。最近よく「だってそれって広告でしょ」「だってそれってマーケティングでしょ」といわれるが、それは広告が世の中に向き合っておらず、リアリティがないからだ。広告やマーケティングが物事をつまらなくする代名詞に成り下がっているわけで、非常に悲しい。

だから企業広告も公について積極的に触れるべきだ。ブランドパーパスが問われているわけだから。一番良くないのは何かの「ふり」。たとえばよく聞く「地球に優しい」ってどういう意味なんだよ（笑）。そのリアリティのなさが本当に嫌いだ。

社会に向き合わない広告はリアリティを失い、機能しなくなる。すると価値を失い、「広告は終わった」といわれるようになる。広告は大量消費・大量生産のエンジンでもあるけれど、そこだけが剥き出しになると、人はそこに価値を見出さないし、信用もされなくなる。いかにも売らんかな的な広告でも、社会に対する情報開示、社会に対するニュースとして面白ければ、それはそれで立派な広告だと思う。

ただ、そういうものばかりがあふれかえるのは目に優しくない。何だか凶暴な気持ちになる。その心理的、社会的ストレスは、いかばかりか。

キレイゴトばかりをいうつもりはない。けれども、そうした広告に負けないぐらいきちんとした面白いもの、美しいもの、気づきのあるもの、新しい価値を伝えるものがないとまずい。

売らんかな一辺倒の広告は、ブランド自らを消費していくし、作り手自身も消費していくことになる。ブランドの価値を維持し、さらに広げていくということにはどうしてもならないのではないか。

もちろんそれだって間違いなく広告の一部であるし、僕だって場合によってはそういう手法を使うかもしれない。ただ、そういうものがあふれた瞬間に世の中はつまらないものになってしまう。そこに多少のエンターテインメントやウェットな感情というものが必要なのではないだろうか。

ＰＯＳデータ（売り上げ実績データ）というものができて以降、広告はＰＯＳデータを稼ぐためのものになってきちゃった。〝ＰＯＳデータを稼ぐための広告〟と〝人の共感を呼ぶための広告〟とでは必然的にやり方が変わるんですよ。ＰＯＳデータを稼いだからといって、知的資産みたいなものが残せるかというと、実のあるものは残せないと思う。消費を促すのは確かです。ただ、商品や広告に乗っかっていた己自身までも消費させてるから。トータルで、経済合理性で考えてみても、得してないと思う。

（『週刊ＳＰＡ！』２０１６年９月６日号、Ｐ１２６）

僕が若いときにはそうしたことを教えてくれた人が何人もいたのに、今はほぼいない。まさか僕がこういう役目になろうとは夢にも思わなかった。僕が『アイデアの発見』という本で、ＤＤＢ（後述）のことを書くことになるとは。

僕が書かないと、広告って本来こういうものだということを誰も言わないから、結局、生きながらえてきた者の役割かなと観念した。広告の持っている表現の資産というか、知的資産を受け継いでいってもらわないといけない。

それこそ、広告自身も自ら消費してしまう。だから、いろんな栄養を足していかないと広告が痩せてしまう。今は栄養が足りず痩せ細っている状態のように見える。

『アイデアの発見』というタイトルは自分で付けたけれど、うち（ライトパブリシティ）のコピーライターの秋山晶は「広告がつくりたくなる本」という素敵なタイトルをプレゼントしてくれた。しかし、広告の本はなかなか売れず、時代がクリエイティブというものをもう少し重要視してほしいという思いがあったので、オビには「クリエイティブはビジネスをつくる」と入れて、ビジネス書寄りにした。広告ってこんなに楽しいんだ、面白いものを作ることで、面白いアイデアが見つかることで、世の中はこんなふうに動くんだよという過去の例を、いくつも紹介している。

今さらだけれど、「広告がつくりたくなる本」というタイトルにしなかったことを、猛省している。そのほうが売れるかなと、小さな目先の欲に惑わされたわけで、「広告がつくりたくなる本」って、チャーミングでとてもいいタイトルだと思う。

スティーブ・ジョブズに限らず、いろんな人がいっているが、真に新しいものは歴史の中からしか生まれない。僕もそれは確かなことだと思っていて、広告の歴史というのをみんなに、特に若い人に知ってもらいたくて『アイデアの発見』を書いた。まさにパブリックサービスだね（笑）。

ヘーゲルの弁証法のように、「過去の出来事は必ず再び戻ってくる。しかも一つ上の段階に上昇して」。

今、そういうパブリックサービス的なことに目覚めたのは、やはりこれだけ長い時間、広告に関わってきたから。最初は誰でも、自分の思ったものが作れると嬉しいというところから始まる。でもやがて、クライアントが喜んでくれる顔を見て、初めて自分も喜べるようになる。独りよがりな自己表現の延長から変わっていく、ごく自然の流れであり、これもまさに「公告」なんだ。

第2章　僕のクリエイティブ・ライフ／a day in the life.

自分にとっての広告の原点

自分にとっての広告の原点はラジオCMであり、テレビCMだ。それは番組本編とは違う種類の面白さで、耳に残り、思わず口ずさんでしまうものだった。今でも往時のコマーシャルソングをほとんど歌える。「カステラ一番、電話は二番、三時のおやつは文明堂」「明るいナショナル」「伊東にゆくならハトヤ」とか。

あとで知ることになるけれど、それらは五木寛之や野坂昭如が書いていたのだ。だから、テレビコマーシャルの黎明期はすごい。サン・アドには開高健と山口瞳――つまり芥川賞作家と直木賞作家がコピーライターでいたわけだから。当時は、直木賞や芥川賞が取れたから即食えるという時代じゃなかったらしい。今だったらすぐに独立して、コピーライターを卒業できると思う。

当時はまだお茶の間という空間があり、その場を独自の表現で楽しませてくれていたのがCMだった。それを自分でも作ってみたいというのが原点。絵を描くとか小説を書くというのは無理そうだけれど、絵や音楽は好きだったので、等身大の自分でも広告を作れるのではないか、そういう世界で愉しめるのではないかという思いがあったのかもしれない。

若い頃は予算が少ない仕事が多かったから、「♪セブン・イレブンいい気分」も「♪ピッカピカの一年生」も、作曲家と二人で、スタジオでつくったんですよ。ほかにだれもいない空間で、ふたりきりでギターでつくったもの。子供の頃に聴いていたコマソンやジングルを引き合いに出して、「こういう感じじゃないの？」なんてお互いにリズムを出したりしながら。いろんなパターンを試しつつ、５時間くらいでできたと思うんですけど、正味は１分ですよね（笑）。

（杉山恒太郎著『僕と広告』グーテンベルクオーケストラ、Ｐ88）

最初はラジオＣＭ

さらにルーツをたどると、ラジオＣＭに行き着く。倉本聰《そう》さんたちが作っていた時代。広告代理店に入っても、最初はラジオＣＭを担当した。三年間の下積み時代、朝から晩までものすごい量のコピーを書いていた。僕がある程度文章を書けるようになったのは、その時代のおかげ。量が質を作るというのは本当なんだなと実感した。

ちなみに、当時の電通ラジオチームは個性派揃いで、その中でも特に異彩を放っていた中村昭雄さんという方が、僕の最初で最後のメンター（師匠）だった。

> 僕の周りの一流プランナー、コピーライターも、昔ラジオＣＭをやっていたという人がほとんどです。だから先輩たちは決まってこう言いました。まず、ラジオＣＭをやりなさい。地味なものほど役立つのだよ、と。（中略）当時、すでにクリエイティブの制作分業化はかなり進んでいました。そんな中で、ラジオＣＭは唯一、広告代理店にいてコピーから見積もり、演出はもちろん、スタジオ取りから声優さんやナレーターのブッキングまで、すべて一人でやらなくてはならなかったのです。いかにも大変そうですが、僕からすればなんでも自分一人でできる、夢のような楽しい仕事でした。
>
> （杉山恒太郎著『ジャパン・プレゼンテーション』角川ｏｎｅテーマ21、Ｐ94）

「Think small.」の衝撃

僕がラジオＣＭのコピー書きまくっていた時代は、幸いなことに、一家言持っている先輩たちがたくさんいて、青臭いことを熱く議論し合っていた。

たとえば、今でも広告人に世界一の広告って何?と聞いたら、ＤＤＢが作ったフォルクスワーゲンの「Think small.」という答えが返ってくる。アメリカの価値観が「Think big」だったときに「Think small.」という対極の概念、コピーを作り、「賢い消費者」という新しい生活者を生み、新しい市場を作った。

当時の時代背景として、ドイツ＝敗戦国であり、ヒットラーの国でもあった。そんな国からやってきた小さくて醜悪なクルマという印象が強かったフォルクスワーゲンを、一つの広告が見事にひっくり返したのである。そういう意味でも広告史に燦然《さんぜん》と輝く名キャンペーンだったといえる。

僕が若いときは、そんなことを熱く語る先輩たちがいた。当時、ハーバードのエリートたちは広告によって世の中を変えられると本気で思い、広告の世界に集まってきたという。

広告は本来、人の考え方や態度を変容する技術。価値の変容というのが広告の本来やるべきものだ。フォルクスワーゲンの「Think small.」はまさにその代表格だ。

当時、アメリカでは、みんなが「これが男らしくてかっこいいんだ！」って思ってデカい車に乗ってたわけでしょう？　そこにＤＤＢが「いや、小さいほうがかっこいいんだ」といって、あっというまに世の中の価値を転換してしまった。あの頃に広告をやっていた人たちは、本気で、そうやって広告で世の中の価値を変えていけると思ったはず。

（天野祐吉著『広告も変わったねぇ。』インプレスジャパン、Ｐ58）

「馴《じゅん》質《しつ》異《い》化《か》」という言葉がある。人に新たな気づきを与えることで、広告の持つ最大の得意技。これも一種の価値の変容だ。たとえば、カルバン・クラインが、下着をファッションとして高く売るようになった。ちょっといい素材ではあるけれど、普段使いのものが広告の力によって特別なものに見えてくる例だ。

中でも目を引いたのは、ファッションを単なる衣服と捉えず、その中に潜む肉体美にも着目、アンダーウェアという衣類の価値を一変させ、人々を魅了するものに仕立ててしまったカルバンクラインの広告だ。（中略）それまでアメリカでは男性用の下着は実用品扱い、３枚１パックで10ドル程度の商品だったものを、ファッションの一部としてブランド化に成功、高価な下着のプレタポルテという新しい市場開拓に寄与した。（中略）このように普段使いのものが、広告の力によって特別なものに見えてくること、人に新たな気づきを与えることを「馴質異化」という。

（杉山恒太郎著『アイデアの発見』インプレス、P124〜126）

「アルマーニがもっとも似合う」とスーツの下にTシャツを着ることを提唱し、下着だったTシャツに新しい価値を与えたエンポリオ・アルマーニの広告がある。最近ではこの手法を「視点を変えて再び価値を生み出す」リ・フレーミングといわれることもある。

（杉山恒太郎著『アイデアの発見』インプレス、P126〜127）

デノテーションとコノテーション

ここで広告の重要なポイントであるデノテーションとコノテーションに触れておこう。

たとえばノートパソコンは便利な道具であり、機能的にはどのメーカーのものでもそれほど差はない。だが、ソニーのＶＡＩＯであるとか、アップルのMacBook Airであるとか、どのメーカー、ブランドのノートパソコンであるかによって、その持ち主の趣味やセンス、下手したら収入まで見えてしまう。

前者がデノテーションで、後者がコノテーションといわれる。そして前者を後者に変容させるのが広告だ。僕らは二〇代にこれを教わったけれど、今、こういうことをいってくれる人はなかなかいない。

> 意味論というと小難しい理屈のように聞こえるかもしれませんが、そうではありません。たとえば、高級ブランドバッグがあるとしましょう。それはお財布や手帳を入れる、入れ物としてのバッグであるだけでなく、持ち主の嗜好や金銭状況をも表しています。つまりそのもの自体が表している意味（denotation）と、内包された意味（connotation）があり、その両方を理解することから広告は始まります。そして広告というのは、言ってみればその意味の変容の作業だと思うのです。
>
> （杉山恒太郎著『ジャパン・プレゼンテーション』角川ｏｎｅテーマ21、Ｐ１０８〜１０９）

広告マンに求められる資質――「消費者」なんていない

広告マンにとって必要な資質は何かと聞かれたら「オーセンティック（正統）」と答える。それがないと、プランニングは始まらない。

この四、五年、コンシューマー（消費者）なんてどこにもいないということがいわれ始めている。「消費者なんていない、そこには生の人間がいるだけだ、人を見て仕事しろ」と。僕はこれが基本だと思う。コンシューマーなんてマーケティング用語に過ぎず、人をコンシューマーと定義するのは、本来、失礼なことだ。自分たちは消費するために生きているわけでも、消費するために生まれてきたわけでもない。

よく考えると、「消費する」と「欲しい」は違う。消費は、何かを買わざるを得ないところに追い込まれるものだけれど、「欲しい」というのは、アニマルスピリットであり、自分の動機。消費を「欲しい」にすり替えていくようなところに、広告の怖さはある。

世の中にいない「消費者」というものを相手に戦略を組み立てていく、「消費者」という言葉を使った時点で、僕は現実から逸脱していると思う。まして、ネットで使われる「囲い込み」なんていう言葉ははなはだ失礼（笑）。若いマーケッターが「囲い込み」なんていっているのを聞くと、本当にいやな気分になる。こういう人とは仕事をしたくないと思う。そこには倫理観が必要だ。ここでいう倫理観とは、社会一般に認められている倫理観ではなく、自分の中の一種の規範のこと。そこを無視すると、この仕事は長く続けられないと思う。繰り返すけれど、それはやがて自分を自分で消費する方向に行ってしまうから。

クライアントの要望に応えるだけでは不十分

どこまで行っても、クリエイティブはまずはビジネスだ。依頼者がいて、オーダーがあって、それに応えないと仕事が成立しない。自分から発信するものではなく、動機は常にクライアントにある。そのクライアントの動機は、当然ビジネスだ。だからクリエイティブとはリアルビジネスであり、クライアントの要望に応える仕事なんだ。

だけど、ただオーダーに応えて終わるわけではない。表現物が世間に出て、そこでしっかり機能しないと、結局クライアントは満足せず、ビジネスが成立しない。だから二度フィルターがあるといえる。現実にはクライアントの要望に応えるだけで終わる人がわりと多い。

広告は、確かにクライアントがお金を出すし、クライアントのものといえばクライアントのものだ。だけど、世の中に出ていく表現物は、社会的な存在でもある。だから不快なものとか、人にいやな思いをさせるものとか、子供に悪い影響を与えるものにならないよう考えて作る必要がある。

クライアントが、「よくわれわれのことを理解してくれました」という企画を見ることがあるけれど、実はそれだけではクライアントは満足していない。クライアントは常に本当のことをいってほしい、ある意味裏切ってほしいんだ。

人間には形式知と暗黙知があって、自分が欲しいものは自分でも九〇％ぐらいわかっていないといわれる。消費者は自分が欲しいものを知らないというのと同じことだ。

その典型がアップルだ。アップルは市場調査をしないといっている。なぜなら「人々は自分が本当に欲しいものをわかっていないからだ」という。

だからインサイト（人を動かす隠れた心理）を見つけるのがわれわれの仕事になる。日本語でいうと「洞察」。摩訶不思議な人の習性を理解する仕事。人は意外にもこんなものは許すけれど、こんなものは許さないとか、人間の心の奥にある不思議なものに近づこう、近づこうとする仕事というべきか。

人の人たるゆえんは、知らないことを知りたいという欲望だ。知らなくても済むが、知らないとどうしてもいやだということがある。僕自身、いつも知らないことだらけだと思っているので、怖くて仕方ない。

> 新しいマーケティングのセオリーとメソッドの基本をなしているのは認知心理学と言われています。従来の、消費者には顕在化した自覚ニーズがある、これが行動心理学的アプローチ。これに対して、需要は消費者の潜在的ニーズの集合でつくられる、これが認知心理学的アプローチ。前者は形式知、後者は暗黙知と呼ばれます。これからは暗黙知がキーワード。
> 「人は意識し言葉にできる言葉の心の動きよりも、気づかない無意識な心の動きに強く依存している」
>
> （杉山恒太郎著『ジャパン・プレゼンテーション』角川ｏｎｅテーマ21、Ｐ１１０）

この広告の成功の秘訣は、人々の心の奥底に潜む本音の部分（暗黙知）を探し当てたところにある。当の本人たちも気づかない心理を見抜く、これがインサイト（洞察）。世界の広告界では80年代前後からコンシューマー・インサイト（消費者インサイト）と称し、こぞってこの技を競い、広告ビジネス発展の核としてきた。

（杉山恒太郎著『アイデアの発見』インプレス、Ｐ35）

お金を消す技

通常、電通だと、営業がクライアントの窓口になる。クライアントの要望を汲み取り、クリエイティブを含め社内外のリソースを使って、それに応えていくことになる。

ただ、僕の場合、幸いにも若くして「ピッカピカの一年生」で世に出たので、営業を通さず、クライアントから直接依頼が来ることがほとんどだった。とはいえ、命の恩人といえる営業担当者は何人もいた。特に予算については何度も助けられたものだ。「あのクライアントでさ、ここまでやりたいんだけど」「わかった。何とか予算を作るよ」といった関係だ。

僕に限らず、トップクリエイターは皆そうだったと思う。

あるいは営業がクライアントに対して何人かのクリエイターのリストを持っていて、「誰がよろしいですか？」「えっ？　君と仕事すると、彼に頼めるの？」みたいなやりとりもあるようだ。少し恩着せがましく「でも、彼は忙しいから大変ですよ。何とか押さえましょう」あるいは「彼は僕のいうことなら聞きますから」みたいなこともいってるらしい（笑）。

僕は若いときから後輩に「クリエイティブに友達はいらない。営業に友達を作れ」といってきた。予算を確保してくれたり、どうしてもやりたい企画を無理やり通してくれたり、最後に頼りになるのは営業だからだ。できれば営業に親友を作れとまでいったと思う。予算を取ってくるのは自分ではできない。クリエイター同士はライバル関係になりがちで、共に何かをなす関係になるのは営業である。

仲のいい営業によくいわれたのは「おまえはほんとにお金を消すよね」ということ。どういうことかというと、クライアントにプレゼンしていて、どんどん盛り上がって、ぜひやりましょうとなっても、お金の匂いがプンプンしていると、「それ、高そうですね」と冷めることがある。でもお金の匂いを消していると、盛り上がりのまま全面的に企画が通ったりする。あとで大変なのは、予算を確保する営業だ。

もちろん意図的にやっているわけではなく、こちらも夢中で、この企画がどれだけ面白いか、これが実現できれば、これだけ売れる、これだけ評判が良くなるとか、会社のクオリテイがこれだけ高くなるということをプレゼンした結果だ。

実際に広告業界をみても、バラエティに富んだ仕事をして才能を発揮しているクリエイターには、営業部門にかならず仲のいい友人がいます。というのは、営業担当者は広告制作のキャスティングにかかわることが多いから。それまで自分がやったことがないような新しいことに挑戦する場を彼らが与えてくれるから、おのずと活躍の場が広がる。つくり手の才能は、えてしてそうやって開かれていきます。

（杉山恒太郎著『クリエイティブマインド』インプレスジャパン、Ｐ１４５）

広告マンは意外にピュアにならざるを得ない。なぜかというと、広告はリアルビジネスのど真ん中で、表現者でいなくてはならないから。ある意味広告の人が、僕は一番純粋だと思っている。だから自分にも仕事にも真剣に向き合うし、若いときは、仕事を終えると、焼肉を食いながら明け方まで広告について真剣に話し合う。もちろん、仕事が面白いからだけれど、そのぐらい、お金のど真ん中で表現するということはピュアにならざるを得ない。

センスと努力

広告にはビジネスセンス、クリエイティブセンスも当然必要。でもセンスは誰でも持っている。その人なりのセンスを。

僕は最初の頃に先輩にいわれた「自分のセンスを信じてやりなさい」という言葉をずっと守ってやってきた。けれども、途中で自分のセンスを捨ててしまう人が多いような気がする。

努力については、きれいな言葉があふれているが、故・野村克也監督の「勝ちに不思議の勝ちあり、負けに不思議の負けなし」という言葉が、けっこう当たっていると思う。

クリエイターは、プレゼンで勝ったり負けたりする。コンペじゃなくても、自分が一番やりたいものが通らなかったり、再プレゼンになったりすることもある。そういうときに、ほんの少しでもクライアントや世の中のせいにすると、その先はない。

それはやはり「ピッカピカの一年生」「セブンイレブンいい気分」など、企画が面白ければどんな相手や状況でも、スーッと決裁が下りるという経験をしているから。だから、うまくいかなかったときは、この企画やアイデアにはそこまでのスーパーパワーはないと思える。

クライアントのいる仕事だから、いくらでも言い訳はできるけれど、企画に関しては一切他人のせいにすることはやめようと若いときに決めた。だから逆に自由になれたんだ。

天野　杉山さんは、テレビＣＭ史に残る傑作をつくっていらっしゃる。なかでもぼくは、小学館の「ピッカピカの一年生」が、圧倒的にすごいと思っているんですよ。

杉山　入社して３年めくらいで「ピッカピカの一年生」と「セブンイレブンいい気分」をつくったんです。そのふたつのコピーとサウンドロゴだけで一生食ったヤツ、なんて悪友たちにいまでもいわれたりしますけど（笑）。

（天野祐吉著『広告も変わったねぇ。』インプレスジャパン、Ｐ49）

広告なのに自分の素が出せた唯一無二の幸運な仕事でもあった。ピッカピカはしっかりとリアルで、アンチロマンな僕の大好きな世界だった。

（杉山恒太郎著『ピッカピカの一年生を作った男』小学館文庫、Ｐ２０７～２０８）

けっこうたくさん見てきた事例として、クライアントにおもねって、最後、クライアントに捨てられるということがある。ものすごく悲しい現象だけれど、クライアントはそういう意味では残酷だからね。

クライアントはお世辞ではなく、本当のことをいってほしいんだ。おもねると一瞬ウケたような気になるけれど、その蜜月は続かない。やがてクライアントから飽きられてしまう。それなら、あなたとは合わないということで切られたほうがまだいい。捨てる神あれば拾う神ありではないけれど、切られたほうがまだ未来がある。

コンペに勝つ方法

広告代理店のクリエイターというと、コンペがつきもののように思われるかもしれないけれど、幸いなことに若くして「ピッカピカの一年生」や「セブンイレブンいい気分」がうまくいったから、基本的にコンペなしでやってこられた。でも大企業との大きなキャンペーンはコンペになるので、多い年で、年間一〇回ぐらいは参加した。

会社を挙げて取りに行かなきゃいけない案件の場合、コピーライター誰々、プランナー誰々とタスクフォースが組まれる。早くからそのチームに入れられていたから、大きなコンぺはいくつも経験している。相手が三〇～五〇人ぐらい聴いているようなところで話をすることもあったから、それはもうビビる。

今だとパワーポイントが主流だと思うけれど、かつてはストーリーボードを作っていた。要は紙芝居のようなもの。それをバーンと置いて、口で説明する。横の人がガチャッとラジカセのスイッチを押して音楽をかけたりして、本当に紙芝居屋さんみたいだった。

プレゼンテーションはボイストーン

プレゼンテーションで記憶に残っているのは、二〇〇二年ワールドカップの招致活動のとき。僕はクリエイティブ・ディレクターとしてタスクチームに参加していた。最終的にＦＩＦＡでプレゼンテーションをするわけだけれど、世界を相手に説得力のあるプレゼンテーションをしたいと思っていた。

当時、中国の北京とオーストラリアのシドニーがオリンピック開催地を争っていた。結局、下馬評を覆してシドニーが勝ったんだけれど、すごいプレゼンコンサルチームの指導を受けたと話題になっていた。そこで、われわれもその人たちを呼んで指導してもらうことにしたんだ。

日本人はボディランゲージが下手なので、そういうことを指導されるのだろうと思っていたら、一人ひとり呼ばれて、ボイストーンを決められた。彼らがいうには、プレゼンテーションというのはボイストーンなんだと。プレゼンテーションは内容ではない。ボイストーンだ、説得力というのは声の質だ。それぞれ、おまえはこのボイストーンの領域で話せと決められ、トレーニングを受けた。それを初めて体験して驚いた。

確かにプレゼンテーションは声がすごく重要だ。もしかすると、声は人格かもしれない。一番怖いのは電話だという話もある。電話は顔も格好も見えないから、声だけでその人の人柄が伝わってしまう。しゃべり方もそうだけれど、切り方に一番人格が出るような気がする。ガシャンと置かれると、この野郎と思うよね（笑）。

突然、インターネット広告の世界へ

「おまえ、リーダーをやれ！」といわれて、インターネット広告に取り組むことになったのは、まったくの青天の霹靂《へきれき》だった。周りの人たちは左遷ぐらいに思っていただろう。会社員生活で同僚から同情されたのもほぼ初めての経験だった（笑）。イメージとしては、ペンペン草も生えない凍《い》てつく不毛の大地シベリア。そこを開墾して、何か作物を作れということに近い。

電通でインターネット広告に携わるようになったのは、当時の天才副社長だった桂田（光喜）さんから、「恒太郎、おまえ、デジタルのリーダーやれ！」と言われたのがきっかけですね。（中略）インターネットはまだ海のものとも山のものともわからない状況で、稼ぎにもならないし、デジタル広告にクリエイティブという概念もほとんどなかった。当時は静止画のバナー広告だけですから。

（杉山恒太郎著『僕と広告』グーテンベルクオーケストラ、Ｐ１８４）

当時は、いわゆる四マス――テレビ・ラジオ・新聞・雑誌の広告も微増していて、足もとが怪しいという状況でもなかった。ただ、インターネットに手をつけないと広告代理店は先々大変なことになるということを、僕を指名した当時の副社長は見抜いていたのだろう。

彼は本当に切れ者で、今日のインターネット環境、メディア環境に先手を打ってきた。インターネット広告推進協議会（現・日本インタラクティブ広告協会）を立ち上げ、初代会長を務めたりもされた（一九九九年）。彼のもと、僕は現場の先頭に立たされ、ロゴデザインなどの制作も任された。

吉田秀雄――「視聴率」という通貨《カレンシー》とテレビCMというクリエイティブ

インターネットを広告代理店が扱うビジネスにするためにはどうしたらいいのだろうか？そこで初めてきちんと電通中興の祖・吉田秀雄（一九〇三～六三年）の著書を読んだ。吉田秀雄の時代、まだ日本では、テレビなんていうのはヤクザなメディアという扱いだった。彼は、アメリカの事情を知っていたこともあり、テレビが次の時代を席巻するというイメージを持っていて、「視聴率」という通貨を生み出し、クリエイティブの重要性も理解していた。そこで「電通賞」を立ち上げるなど次々に手を打っていった。

吉田秀雄はすごい人で、１９５０年にすでに「広告は科学にたった芸術である」と言っています。広告は「芸術と科学の融合体」というわけです。その言葉に自分は勇気をもらいました。芸術というのはつまり、クリエイティブのこと。科学というのは、指標とかデジタル時代のマーケティングであるとか、クライアントが投資することに対する説得の材料です。

（杉山恒太郎著『僕と広告』グーテンベルクオーケストラ、Ｐ１８９）

吉田秀雄がやってきたことを見本にして、「東京インタラクティブ・アド・アワード（ＴＩＡＡ）」というインターネット広告に対するクリエイティブの賞の立ち上げに関わった。

当時の僕はクリエイターではなく、クリエイティブを軸にしながら、どうしたらインターネットというものが安全・安心で、社会に信頼されるメディアになれるのかという取り組みに奔走していた。

広告の仕事はメディアの仕事

インターネットはメディアか？　それともただのマーケティングツールか？——当時は今から思うと滑稽《こっけい》なぐらいの議論が行われていた。神学論争ではあるが、僕はそのど真ん中にいた。

そこで気づいたのが、僕はクリエイティブの仕事をずっとやってきたつもりだったけれど、実はメディアの仕事をしていたということ。実は、広告の仕事はメディアの仕事なんだ。その中にクリエイティブがあるわけで、メディアとクリエイティブをバラバラにすることはできない。

電通も昔はクリエイティブという名前自体がなかった。テレビ局の中に「ラジオテレビ企画制作部（ラテ企制）」という部署があり、そこがクリエイティブを担当していた。僕もそこに所属していた。

そんなクリエイティブ出身の僕が、あるときメディア担当の役員になった。電通はメディアの会社だから、おそらく前代未聞で、今後もないと思う。メディア担当の人間からしたら、前例のない人事であり、当然面白くないだろう。

そういう状況で、彼らにどう話をしようかと悩んだときに、「そうだ、ラテ企制という言葉を使おう」と思いついた。「僕はメディア担当役員として、ふるさとに戻ってきた。元々あなたたちの中からクリエイティブというのは生まれたんだ」という話をした。みんな納得してくれたようだった。源流をたどれば、クリエイティブの奴が上に来ても、そんなに不思議なことではない。僕にとっても先祖返りのようなものだった。

だから、広告代理店でクリエイティブであるというのは、メディアの仕事をすることなんだ。振り返ると、僕はラジオも作った、テレビも作った、新聞も作った。狭義に考えれば広告クリエイターだけれど、広義に考えれば、メディアの仕事をしてきたのである。

話を戻すと、インターネットを社会的に認められるものにしよう、プレゼンスをきちんと作ろうということを、クリエイティブの僕が考えたり、戦略を立てたりすることは、別世界の人間が無理やりやっているのではなく、僕がずっとやってきた仕事の延長というわけだ。

だから、みんなが考えるほど悲観的ではなかった。でも、普通に考えると、「そんなわけのわからないへき地に送られちゃって、調子に乗りすぎたのかな」みたいに思われていたのかもしれない（笑）。

もう一つ、実はクリエイティブに飽きていた面もあった。若気の至りというか、ちょっと傲慢《ごうまん》だけれど、何かやりきった感があった。会社を辞めて大学の先生にでもなろうかな、なんてことも思った。別世界に行きたいという思いがすでにあり、頭は切り替わっていた感じだった。ラッキーなことに、すぐにＭＩＴメディアラボに通ったりして、新しい世界に自分がわりとときめいていた。『ビーイング・デジタル』を書いたニコラス・ネグロポンテが、ＭＩＴメディアラボの初期の長だった。彼には直接会う機会がなかったけれど、シーモア・パパートという天才に出会い、それがすごく刺激的だった。まさにお茶の水博士を彷彿させる人物で、すごく気が合い、ご飯を食べたりもした。彼の有名な言葉に〝learn how to learn（学ぶために学ぶ）〟というものがある。それを僕は今も実践しているつもりだ。

> 帰国して僕が初めて手掛けたウェブサイトが、家庭教師のトライの「Willing to TRY」（99年）です。世界を回ってハイレベルなものに触れるうちに、インターネットを使う限りは、やっぱりインタラクティブなクリエイティブをやりたいと思って作りました。バナー広告みたいなものではなくてね。「Willing to TRY」のテーマは「子供の日」。ちっちゃい子供が描いた絵で、大人からは「イカ」に見えてしまうものも、子供にとってはそれがパパの姿（笑）。つまり、僕たちは世界は見えているのではなく、見ているのだという、そういう認識論的なことがウェブでやれないかと思ったんです。
>
> （『広告批評』２００９年３月１日号、Ｐ１０１）

この「Willing to TRY」には後日談がある。

初めて見よう見まねで作ったサイトが、なんとサンフランシスコのインビジョンアワードのtop of top、グランプリを受賞することに！　すごい歓声の授賞式でトロフィーを手にし、こりゃ大変な凱旋帰国になるかと思いきや、新聞には豆粒のような記事だけ（爆笑）。授賞式には日本の新聞記者もいたんだけどね。

二〇〇八年一〇月、僕はグーグルのパーティーに出席するため、シリコンバレーのサンノゼへ行った。会場はスタンフォード大学の荘厳なる美術館内、パーティーのタイトルはツァイトガイスト（時代精神）という洒落《しゃれ》たものだった。そこには当然、グーグル創業者の二人ラリー・ペイジとセルゲイ・ブリンもいた。会場の端っこに人見知りの学生のように立っていたのが印象的だった。こういう場に呼ばれるのも、電通デジタル部門のリーダーになったことの恩恵だ。

そのグーグルもすでにクリエイティブに目を付けている。特に有名なのは、二〇一一年のカンヌライオンズサイバー部門グランプリを受賞したアーケイド・ファイアというカナダのバンドのミュージックビデオだ。

左遷かといわれたデジタルの世界への転身だったが、僕は興味津々だった。トラッドなクリエイティブが大好きすぎたら、つらかっただろうが、いわゆるテレビコマーシャルの世界に飽きていた部分もあり、この世界が僕に一番合っているかもしれないという気持ちにもなっていた。

デジタルの説明に知恵を使う

デジタルの担当になってから、デジタルとは何ぞやという話を大勢の前でする機会が増えた。僕も勉強しながらだから、今から思うと顔から火が出るようなことをいっていたと思う。僕を含め、当時上の世代の人間は、デジタルなんてちんぷんかんぷんでわからない。「おい、デジタルってのは空から飛んでくるのか?」と真顔でいう人がいる世界だった。

僕はデジタルの説明をするとき、よく囲碁にたとえていた。デジタルは0と1の組み合わせで、囲碁も白と黒の碁石の組み合わせだ。一つひとつの石には意味がないけれど、さまざまな組み合わせによって意味が出てくる、なんて。

あと、デジタル用語をいろいろなたとえを使って説明していた。たとえばパケット通信はこう。

サントリーホールの中の大きなグランドピアノを輸送する際、そのまま運ぼうとすると、巨大なトラックが必要だけれど、分解すれば小さいトラック二～三台で運べる。それを目的地に着いたらまた組み直す。これがパケット通信の仕組みです、なんてね。みんな「なるほど」って納得していた（笑）。

初期のデジタル局には慶應ＳＦＣの卒業生がたくさんいた。みんな生意気で鼻持ちならない奴らだったけれど（笑）、彼らからデジタルに関する解説を聞いて、それを何とか自分の言葉に翻訳して説明していたんだ。

『がんばれ！・ベアーズ』

僕が電通に入った頃は、広告代理店に行くということは、ほとんどの人がクリエイティブをやれると思っていた。「ディスカバー・ジャパン」みたいな大きなキャンペーンに関わりたい、オリンピックに関わりたいというように。

広告代理店はそういう人たちの集まりだと思っていたら、まったくクリエイティブに興味がない理科系の人たちが入ってきた。その中に先ほどの慶應SFCの子たちもいた。広告のことなんか知らないし、関心もない。デジタル時代に対応するために、デジタルリテラシー優先で採用したわけだ。そして、これからはこういう子たちが会社に増えていくということもわかっていた。そんな異質な彼らとともにデジタル、クリエイティブで闘っていかなくてはならない。

広告を知らない子たちと、どうやって成果を上げるか悩んだ末に出てきたのが「僕らは『がんばれ!ベアーズ』だ」という言葉。つまり、野球なんか全然できない子供たちを集めて、最後には、強いチームを作っていくアメリカのドラマになぞらえたのだ。

『がんばれ!ベアーズ』は、さえない清掃人をしていた元野球選手を監督に、弱小少年野球チームが少しずつ成長して強くなっていく姿を描いた昔のアメリカのドラマなのですが、子どもたちは最初、ボールを打ったらサードに向かって走ってしまうくらいなにもわかっていない。局のみんなには「いまのきみたちは、それだ」といって、「でも、がんばれば強くなれる」と話しました。(中略)

そこから2、3年のチームとしての成長ぶりはすごかったですね。みんなで自由に議論して思う存分に試行錯誤を重ねて、まるで魂がひとつのかたまりとなってスウィングしているみたいでした。ぼく自身もチームを率いていくよろこびを感じたし、リーダーとしての自信もつきました。

（杉山恒太郎著『クリエイティブマインド』インプレスジャパン、P27〜28）

デジタル黒字転換

本書でも引用している『クリエイティブマインド』（インプレスジャパン）という書籍は、高崎卓馬くんというクリエイティブ・ディレクターが、僕の知り合いを訪ね、彼・彼女らに僕がいった言葉を集めてくれたものだ。

びっくりしたのは、皆が僕にいわれたことをちゃんと覚えていてくれたこと。でも逆に自分ではいったことを覚えていない。こちらは必死に結果を出そうとして、現場のワイワイしている状況の中で言葉をひねり出している。皆が静かにしている前で訓辞を述べているわけではない。

早い話、稼がないといけないから、冷静にいっているのではなく、「そんなところで立ち止まっていたら博報堂に負けちゃうぞ」とか、「そんなことでウジウジしていたら、おまえ、この局、お取り潰しになっちゃうぞ」とか、とにかく発破をかけたり励ましたりだった。

特にデジタル局の頃は、極端にいえば、一〜二週間に一回はこの局は社外に出されるという噂が流れていた。結果を出せといわれつつ、おまえらは変わり者の集団だって半分バカにされてもいた。そんな言い方はないだろうと思うけれど。

最初の頃は、デジタルでちゃんと売上げが立つか、ビジネスとして成立するかもわからなかったから仕方がない面もある。

局というのは一つの会社であり、局長というのが局の社長だ。そうすると、実態としては超赤字会社ということになる。それを意地でも黒字転換しようと思っていた。だから、最初の頃は裏技を使っていた。当時は僕が普通の広告仕事でそこそこ稼げていたので、その売上げをデジタル局に入れていたんだ。

ただ、その後世の中全体がデジタルに傾斜していったので、三〜四年後には黒字転換して、さすがといわれた。でもその中には僕個人のアナログ広告の仕事がいくつも入っていたと思う（笑）。

「コンテンツ」という言い方は艶っぽくなくてイヤだ

表現物を「コンテンツ」といわれるのは違和感がある。人が頭をかきむしって、朝までうーうー唸って考えたストーリーなり言葉なりをコンテンツといわれるのはいやだ。映画監督のマーティン・スコセッシがインタビューで、「コンテンツっていわれるようになってから、映画は品が悪くなった」といっているのを読んで、えらく感銘を受けた。

「コンテンツ」という言い方は、インターネットが出てきたからだよね。当時、クリエイティブなんて面倒くさいことをする必要はない、コンテンツだから買えばいいんだっていう言い方があった。

そういわれると生身の人間が関わっている感じがまったく消え失せてしまう。

言霊《ことだま》信仰ではないけれど、コンテンツ、コンテンツと口にしていると、本当にコンテンツになってしまう気もする。

無味乾燥な、お金のためだけみたいな表現物になるというか。もちろんお金も大事だけれど、マネタイズ目的だけのものは、結果的にマネタイズされていかないと思う。一過性で儲かったりすることはあるだろうけれど、それはただただ消費を促すものに過ぎない。消費を促すものは、その本人も消費していく。

最近はつくられたものを「コンテンツ」なんて小ジャレた呼び方をすることが増えたからか、どうものづくりを人間の生々しさや泥臭さと関係がないことのように捉える風潮がありますよね。一時はIT業界の人が、「コンテンツなんて面倒なものは買えばいいんだ」といったりしたこともありました。そのせいか、コンテンツといわれると、なにかザルですくえる（モノ）のような、まるで人間がかかわっていない無機物のようで、とても違和感があります。

（杉山恒太郎著『クリエイティブマインド』インプレスジャパン、P75）

ライトパブリシティへ

今僕が社長を務めているライトパブリシティは名門の広告制作会社だ。ただ、僕が移ってきた当時は、名門だけどもう古くない？という印象があったと思う。あまりにも細谷巖（アートディレクター、グラフィックデザイナー。現・代表取締役会長）と秋山晶（コピーライター。現・代表取締役ＣＥＯ）がすごすぎて、その下の世代がまったく見えなかった。

あと、ライトパブリシティ出身というと、それだけで食べていけた時代もあった。だから三年とか五年勤めて独立してしまう。でも、そんな独立のしかただと、それこそ三年ぐらいしかもたない。そういう時期があったので、ある世代がボコッと抜けていたんだ。

一見、名門、老舗《しにせ》だけれど、外から見えないだけで、内部では相当な危機感があったと思う。実際、僕が移ってきてから若い子が何人かやってきて、「杉山さんが来てくれて嬉しいんですが、僕たち、大丈夫でしょうか」と聞かれたことがある。

そのときは『がんばれ！ベアーズ』ではなく、別の方法で励ました。

「Ｊ３とかＪ２の監督が来たわけじゃなくて、Ｊ１の監督が来たんだよ。もしかするとヨーロッパリーグの監督かもしれない。だからトップの選手がどのくらい脚力があって、パスを出すタイミングがどのくらい早いか、全部わかってるから大丈夫だよ。安心してほしい」という言い方をした。

実際、当時の電通クリエイティブにすごいメンバーが揃っていて、さらに切磋琢磨しながら素晴らしい仕事をしていた。本当にそういう時代だったから、僕のいったことも説得力があったと思う。

　組織のメンバーを励ましたり、モチベーションを上げたりするには、そのときの状況や環境を考えて内容や言い方を変えなくてはならない。だから場合によってはそれが、『ベアーズ』になったり「ヨーロッパリーグの監督」になったりする。


　ライト移籍後、ゴルフ場でもバーでも、何かにつけて、細谷巖さんと長い会話をしています。それは、ライトの68年（編集部注：２０２２年で71年目）の歴史について細部にわたって口伝を受けているのですね。多分このデザインの聖地、名門が潰えないよう、僕に伝承し、託してくれているのだと感じ、光栄なことでもあるのですが、ずしっと責任も感じざるを得ないのです。

　やっぱり会社は、社員のための教育システムがすごく重要だと思います。人材を成長させる教育と、フェアにきちんと評価できる仕組み。結局はそのふたつですね。実際、若い人がみんな稼げるようになったから、去年（編集部注：２０１７年）はこの10年で最高益を達成することができました。教育に3年かかりましたが、ちゃんと数字に出てくるとうれしい。

（杉山恒太郎著『僕と広告』グーテンベルクオーケストラ、P200〜201）

価値の再定義

ライトパブリシティに移ってきてからは、この会社が広告制作プロダクションに見えないようにしようと考えた。特にコマーシャルプロダクションに見えたら、この先はないと思っていた。基本はデザイン会社なので、そこを打ち出していくことにしたのだ。

ライトパブリシティは、二〇二一年に創立七〇周年を迎えた、すごくクラシックな会社だ。それは部署の名前にも表れている。コピーライターの部署は企画部、デザイナーの部署は美術部と雰囲気がある。ところが、映像を扱う部署はＣＭ部を名乗っていた。これは良くない。すぐに名前を変えようということで映像部とした。これで企画・美術・映像となり、クラシックかつきちんとしていそうな感じが出る。

これまでテレビＣＭが目立つ会社だったから、そのままいくと、どうしてもテレビＣＭを作る会社に見えてしまう。今、社員が一〇〇人弱いるけれど、テレビＣＭ制作が中心の会社として見られたら、東北新社など大手の制作プロダクションとの比較だと一部署の人数に過ぎない。ところが、デザインを中心とした、デザインファームだと世の中に訴えると、一〇〇人弱でも世界規模のデザイン会社になる。つまり、位相をずらすだけで、日本の大手プロダクションの一セクション規模の会社が、世界規模の会社に化けるのだ。

このこと自体が、一種の広告というか、「価値の転換」になる。もっというと「価値の再定義」だ。再定義をすることで、新しく生まれ変われる。

僕が今やっている仕事の多くは企業のブランドデザインだけれど、そこで一番重要なことはこの「再定義」だと、経営者にも常々いっている。

時代が変わったからと、あせって似合わない新しいことに手を出すのが一番まずい。今まで自分たちがやってきたことの足もとに知的資産は眠っているはずだ。それをもう一回フィーチャーして再定義し、新しい言葉を与えれば、見事に蘇るはずだ。それがブランドデザインであり、イノベーションでもあるのだ。

「経営とデザイン」は、世界的潮流でもあります。いま欧米でビジネスイノベーションを起こすのに重要な要素といわれているのが〝３Ｄ〟。「デジタル／データ／デザイン」ですね。時代の最先端に居続けるためには、「ライトパブリシティはデザインファームです」と宣言することが大切です。67年も続いているということは、この会社がいつも社会に必要とされてきたということ。将来もずっと必要とされるためには、世の中とどういう形で関わっていけばいいのか。ヒントは歴史の中にあると思います。

（杉山恒太郎著『僕と広告』グーテンベルクオーケストラ、Ｐ１９９）

葦みたいな奴

葦《あし》みたいな奴だといわれたことがある。バタンと倒れて終わったかなと思ったら、またボコッと生えてくるイメージのようだ。しかも鋼《はがね》できた葦なのだと。デジタルの世界に〝飛ばされた〟ときも、結果的にうまくいったので、葦のように思われたのかもしれない。

自分ではそんなにがんばり屋だとも思わないけれど、自然体でいられ、誰に対しても態度が変わらないというのは自覚がある。これは、おそらく親の教育の賜物だろう。あと学生時代に二年間海外にいたのも大きいかもしれない。両親は「威張る奴は嫌い」とずっといっていた。また、いろんな外国の人たちの中で暮らすことで、他人に対する距離感をきちんと身につけられたのだと思う。

高校まではバリバリにサッカーをやっていた。付属校だったので、当然のように大学でもサッカー部に誘われたが、もう運動部はいやだった。汚い合宿所に入らなくてはならないのも勘弁してほしいと思っていた。サッカー部からは逃げたが、「どうしても」と泣き落とされ、ホッケー部に入った。アイスホッケーではなく、グラウンドホッケー。当時、二部に落ちていて、一部に上がるまでという約束で手伝った。二年生時の入れ替え戦で防衛大学校に勝ち（3対2。しかも僕が2得点）、一部昇格が決まった。約束通り退部した。その後、フランスに留学する。

時代は学生運動華やかなしり頃だったが、僕は距離を置いていた。とにかく昔から、どんな理由があっても群れることが苦手なんだ。学生運動をしている友人とはよく話をしたが、僕はカルチャーボーイになっていた。ストーンズを聴いて、ジャズを聴いて、ゴダールを観て、という生活がもう始まっていた。

学生の頃、69年の春に、いまでいうバックパッカーみたいな感じでヨーロッパ旅行しているのね。ベルリン、ハンブルグ、パリ、ロンドンと。パリでは68年に五月革命が起こったんだけど、僕が行ったときはまだカルチェラタンに68年の匂いが色濃く残っていた。パリっ子というのはやっぱりカッコよくて、日本の学生運動と違うんですよ。「こんなおしゃれな子たちまで戦うんだ」と思った。（中略）

最初にヨーロッパ旅行をした後、ソルボンヌに留学しました。父親が変わっている人というのか、戦争経験をしているからアメリカが嫌いなんですね。それで「アメリカ以外のところなら許す」というのもあったんだけど、パリに一年、バルセロナに一年いました。ある彫刻家と知り合って、そこのうちにお世話になったりしながら。

（杉山恒太郎著『僕と広告』グーテンベルクオーケストラ、Ｐ17～18、Ｐ20、一部改変）

第3章　クリエイティブを支えるもの

リベラルアーツと教養と

一般的に「教養」という言葉の英訳が「リベラルアーツ（Liberal Arts）」ということになっているが、僕は別ものだと考えている。「リベラルアーツ」は文字通り「自由になるための技術」であり、自由になるためには知識が必要なんだ。

すでに別の本で書いたことだけれど、これを読んだ編集者から連絡があった。

「恒太郎さん。『リベラルアーツに教養という訳語は相応《ふさわ》しくない。リベラルアーツとは生きるための技術だ』って素晴らしい言葉ですね。ところで、これの元ネタは誰ですか？」

「失礼な言い方するなよ、それは俺が考えたんだよ」

いまだに彼と会うたびに彼をイジリ大笑いしている。

辞書ではリベラルアーツを「教養」と訳しているけど、結局それってオプションをいくつか身につけることだと思う。つまり、教養とは生きる技術。もしかしたらイニエスタは、無数の足技とフェイントを持ってるかもしれない。ひとつのかわし方しかしらないと、けがしやすくなるでしょう。

（杉山恒太郎著『僕と広告』グーテンベルクオーケストラ、Ｐ１１３、一部改変）

ルーツのないものは弱いもの——歴史に学ぶ

前述のように、僕は吉田秀雄の広告電通賞を真似て、「東京インタラクティブ・アド・アワード（ＴＩＡＡ）」を立ち上げた。歴史に学んだわけだ。

トップに立っている人、革新的なことを先頭を切ってやった人は、皆ほぼ同じことをいっている。それは、真に新しいものは歴史の中からしか生まれないということだ。だからクリエイティブをやっていた時代も含め、後輩や部下には、とにかく歴史に学べと口を酸《す》っぱくしていってきた。

電通には資料室があって、過去の広告に関する資料が膨大にある。当時、八〇〇人ぐらいの部下がいて、皆に均等に「歴史に学べ」といってきたのに、結局、資料をよく見ていたのは、佐藤雅彦とか故・岡康道とかトップクリエイターなんだ。やはり世に出る人間は、しっかり歴史に学んでいる。

「ピッカピカの一年生」のヒントになったのは、その後有名になっていった、鳥取の植田正治というカメラマンの『童暦』（中央公論社、一九七一年）という写真集だった。常に何かルーツは存在する。やはりルーツを持って、それを自分なりに新解釈するというのが一番成功する秘訣だと思う。ルーツのないものは弱い。何かをやるときは、そのルーツを徹底的に探るというのがものすごく重要になる。

企業のブランディングでも、表面的なかっこよさを求めると、脆弱なクリエイティブになってしまう。その企業を知るために、まず社史を読むところから始める。そして、その会社のルーツを探る。なぜこういう会社になったのか？　創立者はどういう人で、何を考えてこの会社を創立したのか？　歴史の原点に立ち戻って考えないと、糸が切れた凧のような表現になるんだ。

だいたい歴史を学ばないと怖くないのかなと、臆病な僕なんかは思う。

昔から「賢者は歴史に学び、愚者は経験に学ぶ」といいますが、つくり手も学ぶなら歴史に学ぶべきでしょうね。広告の世界でいえば、電通の資料室で過去の広告作品の閲覧者リストを見てみるとわかるのだけど、佐藤雅彦くんにしても、いまはタグボートにいる岡康道くん（編集部注：２０２０年７月に逝去）にしても、いいものづくりをしている人たちは、すごくたくさんの作品を見ています。歴史に学んでいるからこそ、成功体験に安住することなく、どんどん新しいものをつくっていけるんです。

（杉山恒太郎著『クリエイティブマインド』インプレスジャパン、Ｐ１５０〜１５１）

反省力

僕が人よりすぐれているところがあるとすれば、それは「反省力」だろう。反省するスピードだけは、唯一誰よりも早いと思う（周りを見ていると、意外に皆さん、反省が遅い〈笑〉）。先ほど人のせいにしないと決めたと書いたけれど、そうすると、すぐに自分自身で反省せざるを得ない。

反省が早いのは、自分に自信がないから。才能とは、どれだけ怖がることができるかだ。恐怖する心が才能である。僕は自分に才能があるとはまったく思っていないけれど、ものすごく怖がりなのは間違いない。夜寝ていてミシッと音がしただけでも飛び起きてしまう。猜《さい》疑《ぎ》心や警戒心とは違うけれど、すごく動物的な、必要な能力だと思っている。

自信がないから反省するというのは事実だが、それと同時にスルスルスルッとある企画が通った奇跡も知っている。そうした体験もあるので、それに比べればまだまだ足りないという反省ができるんだ。

その頃、電通には出版営業局という部署があったんですけど、そこの営業担当の人が、「杉山くん、『小学一年生』のあの仕事、コンペになったよ」って言いながらも、彼は獲れっこないと思っていたようです。それはライバル社の大牙城だし、僕にはラジオ以外実績がないわけですから。（中略）

でも僕は、いい企画アイデアさえ出せば勝てるとひそかに思っていました。（中略）

そのときのクリエーティブの部長も、まさか僕が勝てるとは思っていない。まだ入社4年目でしたから。でも勝っちゃったものだから驚いて、「君、どこかプロダクションは知っているのか？」と。

（杉山恒太郎著『僕と広告』グーテンベルクオーケストラ、P85〜86）

クリエイティブを支えるスクラップブック

クリエイティブを支えるにはストックが必要だ。そのために僕はこれまでスクラップブックを作り続けてきた。これはある意味、僕の企業秘密だ。

週刊誌の気になった言葉、ファッション誌の気になった記事などをビリビリと破って取っておく。今はなかなかないけれどバーのマッチなんかも、とにかく気になったものを必ず集めておく。他人が見たらゴミのようなそれらを、年に数回、スクラップブックに編集するんだ。

その作業が愉しくて仕方ない。今は年に二〜三回、五日間、ファスティング（断食）に行っている。主にそのとき、スクラップブックの編集作業を行う（他に積読本やため込んだDVDを消化したりする）。すぐに何の役に立つかわからないものばかりだが、ハサミやカッターナイフで切って読み直しながら作業する。一回のファスティングで、六〜七冊のスクラップブックができあがることもある。いわばファスティングがインプットの時間になっているわけだ。

全然違う物事が一冊のスクラップブックの中に同居する。たとえば、『日刊ゲンダイ』の書評からどこの醤油ラーメンが一番うまいかという記事まで、どんどんクリアファイルに入れていく。表紙には、それぞれのファイルの中の主要な物事、気になった概念、気に入った言葉を書いていく。自分だけの密かな愉しみで、誰にも見せたことがない。もちろん妻や娘たちにも。

講演を頼まれたときに、何冊かパラパラめくって、ネタを探すこともある。「この言葉、今いいかもしれない」とか「このカメラマン、今キテる！よね」とか。まあ、努力しているというよりは愉しんでいる。ファーブル的というか、野山で虫を集めているのに近い。

これこそレヴィ＝ストロースのいうブリコラージュだろうか。何の役に立つかわからないが、拾っておくというような。それを整理していくことで、スクラップブックの中で全然関係ないものが組み合わさり、何かのアイデアに昇華されることもある。

あとは、見たり聞いたりして気になったこと、思い出せなかった言葉、誰と会って何を食べたかといったことを、まめにｉＰｈｏｎｅや手帳に記入している。全部は覚えきれないが、耳にとめておくのが大事だと考えている。脳にとめるというよりも〝耳にとめる〟。それを書いておくことで、どこかでフッと思い出したりできる。

iPhoneと手帳、スクラップブックの三つが僕なりのアーカイブになる。

何がわかっていないかわからないと物事は理解できない

これらを駆使して、僕は知識のアップデートを図っている。インターネット時代になり、わからないことはすぐに検索できるから知識は必要ないという人もいるが、僕はそうは思わない。部下を含め、いろんな人と接するとき、知識があれば自信を持って知らないといえるからだ。

自分がある程度知っているという自信があれば、知らないことについて「知らない」といえる。何も知らないと、「知らない」ともいえない。だから若い人に対しても知らないことは「知らない」といえるし、平気で「教えて」ともいえる。

物事を理解するというのは、何がわかっていないかを理解することだ。わかっていないことがわかることで、初めて理解したことになる。自分が時代からずれてきたことに気づかないと、本当に遅れていってしまう。自分自身が形骸化していく。

それを置いても、ブリコラージュ作業は楽しい。この作業によって、身体に様々な物事の記憶を残しているのだと思う。身体の中に記憶を入れることで熟成させる。それが新たなアイデアにつながる。

「メモリーを身体の外に置くな」。

ぼくは何度もこの言葉をチームの人たちにいってきました。というのも、よく、アイディアが降ってきた、といいますよね。降りてくる、ともいう。いずれも、なんにもない空中に突如としてなにかが現れて、それが自分のなかに入り込んでくるイメージですが、じつはアイディアは、そんなふうに外からやってくるものじゃない。アイディアとは、自分のなかから浮かび上がってくるものなんです。気づいていないだけで、発想の源はすべて自分のなかにある。(中略)

ぼくらは日々経験することのすべてをはっきりと覚えていられるわけじゃないけど、アタマのなかのメモリーにはちゃんと入っています。しかも、ニューロサイエンスの研究者たちがいっているように、その記憶が無意識のうちにアタマのなかで編集されたり分類されたりもする。「記憶は進化」するんです。(中略)

要するに、思いつけるかどうかじゃなくて、思い出せるかどうかが重要。ということは、思い出せる材料が自分のなかにストックされていなくてはいけない。

（杉山恒太郎著『クリエイティブマインド』インプレスジャパン、P83〜84）

毎日の地道な勉強が「勘」を養う

スクラップブックを作ることで、ショーロー（初老）になった今でも脳と手（身体）を動かし続けている。そうしないと勘が鈍る。

ノーベル物理学賞を受賞した今は亡き小柴昌俊さんが、いいことをいっていた。とにかく毎日、毎日、毎日勉強している、何のために勉強しているかというと、勘を養っているのだと。ノーベル賞を受賞する人ですら、最終的には勘なんだと驚いた。でも勘を良くするには祈ったりするのではなく、地道に毎日、毎日勉強することが必要なんだ。アイデアとは思い出すことだから。

ぼくらが出そうとするアイディアには、かならず課題があります。最初はそれをとにかくロジカルに追い詰めていく。そこから、さらに追い詰めて、追い詰めて、追いつめ抜くと、その先にロジックを超えて生まれてくるもの、それこそが本物のアイディアなんです。

ノーベル物理学賞を受賞した小柴昌俊さんは、若い人たちに「毎日、コツコツと、とにかく勉強しなさい」といっています。それは、「直感力を磨くため」だというんです。

小柴さんが伝えたいのは、学説や理論という論理の部分を読み解き、自分のものにしていくと、やがてその向こう側にある「非論理的な〝なにか〟」が感じられるようになるということでしょうが、ぼくらが求めるようなアイディアもまた、そうやって近づいていって感じ取るもの。


（杉山恒太郎著『クリエイティブマインド』インプレスジャパン、Ｐ91）

時間の使い方はあまり意識しない

仕事術の一つに時間の使い方があると思うけれど、実は僕はあまり意識していない。当然のことだけれど、ある歳を迎えると睡眠時間が短くなる。夜中にパッと目が覚めたときにガックリくるか、「時間ができた」と思うかでずいぶん心持ちは変わる。僕は目が覚めてしまったら、仕事の企画書を書き直したり、本を読んだり、音楽を聴いたりして、その時間を有意義に使う。寝ないで済むなら寝なくていいやぐらいの気持ちになれば、夜中に起きることが、ある種自分のペースになる。今は自分の時間をコントロールしやすい立場なので、短時間、仮眠してバランスを取ったりする。

　コロナ禍以前は、毎日のように夜の会食が入っていた。でも、電通時代のように立場的に会わなくてはならないというのはなくなり、基本的に会いたい人にしか会っていない。

　そして、プライベートは存在しない。日本語で「公私混同」というと、すごく悪い意味になるけれど、現実的にオンとオフの境目はないし、どこまでが遊び・学びで、どこまでが労働・仕事なのか分けることがなくなった。分けるとむしろ効率が悪いんだ。遊びの延長に仕事があり、仕事の延長に遊びがあると考えるようになってから余計なストレスを感じなくなった。ただ、「仕事が趣味です」なんていうのもちょっと嫌らしいので、ジョージ秋山さんの名作『浮浪雲』の中の名言「趣味は生きてることとでんす」の精神とでもいおうか。

　仕事では、いろんな案件が重なることがままある。その場合、大事な仕事、大きな仕事を優先するかというとそんなことはなく、特に分けたりしない。大きな仕事も小さな仕事も普通の仕事も同時に進行している。そのほうが頭は冴えるように思う。

ビッグビジネスの仕事のことばかり考えると頭が鈍る。逆にマイナーな仕事ほど頭が冴える。だから常に同時進行で取り組む。もっというと、仕事も遊びも学びも同時進行だ。便宜上、遊びと学びを分けたけれど、僕にとっては学びも遊びに含まれる。「好奇心強いね」とよくいわれるけれど、頭をグルグル巡らすのが面白くて好きなんだろう。何か「宝探し」をしているような感覚だ。

自分の仕事から自由になる

話は突然相撲に飛ぶけれど、千代の富士は小さな大横綱だった。小さいのになぜあんなに強かったかというと、毎日、毎日、しっかり稽古を積んでいたから。とにかく稽古の虫だったという。毎日、毎日地道に勉強をしたり、稽古をしたりすることで、新しい自分に出会うことができる。さらに自分の仕事から自由になることができる。

千代の富士が、手がつけられないほど強かったときは、おそらく相撲から自由になっていたはずだ。相撲から自由になっている人と相撲を取ったら絶対に勝てない。川上哲治が「ボールが止まって見えた」という逸話も、その瞬間、野球やバッティングから自由になっていたのだと思う。

これを仕事に置き換えると、仕事から自由になるというのは、オプションがものすごく増えるということ。そうすると行き詰まらなくなる。いろいろなところから発想できるようになる。いつもうまくいくわけではないけれど、フッと自由になった瞬間にいいアイデアが生まれる。分散的に集中するとでもいうか。それはきっとブリコラージュをやっているときの自分とちょっと似ているかもしれない。

アインシュタインが「人間の最高の価値ってなんだ？」と聞かれたときに、「自分からどれだけ自由になれるかだ」と答えていて、それに尽きると思います。人生にはいくつか選択のときがあるものだけれど、そのとき僕は必ず「自由なほう」を選んでやってきました。損得ではなくて。

（杉山恒太郎著『僕と広告』グーテンベルクオーケストラ、Ｐ１１４〜１１５）

『広告批評』という雑誌

僕はそれほど『広告批評』マニアではなかった。むしろ距離を置いているほうだった。でも、広告少年、広告少女は、みんな『広告批評』に感化されて広告の世界に入ってきている。だから、功罪はもちろんあるけれど、どんなカテゴリーのものでも批評というものがなくなった瞬間に堕落する。批評家のいない時代はすごく不幸だ。

実は天野祐吉さんが亡くなる一年前に、一番会っていたのは僕だった。天野さんはもう一回『広告批評』をやりたいと。そして、君なら全部渡すといわれた。重い言葉だった。だけど、自分は本業があるからとても無理だし、紙の雑誌を出し続けるのはビジネス的にも無理だと思った。加えて、天野さんのお弟子さんたちから嫉妬《しっと》されるのもいやだった。そもそも僕は、天野さんを神様だと思っているような人間ではなかったし。だから実をいうと「何で僕にパスするのよ」という感じだった。

広告は、大衆文化のなかのすぐれて前衛的な表現です。〝いま〟と切実な関係を保ち

つづけることによって、広告は人びとの暮らしに対する想像力を切りひらき、しなやかに生きるための目を鍛えてきました。

が、このところ、広告は本来の〝言葉〟を失ってしまったように思われます。人びとの関心や期待とは別のところで、空騒ぎや見せかけの前衛に走っているという声を、げんにあちこちで耳にするようになりました。

年間一兆八千億円のお金が広告に使われていることを思うと、これはどう考えても、もったいない話です。広告が、大衆表現としての新しい〝言葉〟を獲得するには、何を、どうすればいいのか。そのことをいま、みんなが知恵を出し合って考えることが必要なのではないでしょうか。

（『広告批評』0号〈1979年4月号〉創刊準備号　巻頭言）

「ピッカピカの一年生」の失敗

「ピッカピカの一年生」のCMは、素朴なかわいらしい方言をしゃべるかわいい子たちが出てくるCMということで世の中に定着し、ある時期から小学校入学時期のちょっと前に風物詩のように放送された。ただ、このＣＭの本質は、素朴なカボチャみたいな子どもたちのかわいらしさにあるのではない。

当時二六、七歳だった僕は、フィルムを使って映画のように撮られていたＣＭ作品に対し、この作品で初めて、当時、最新のテクノロジーであるビデオを使った。当時何人かいた先輩のスタークリエイターたちに挑戦したわけだ。シュンペーターの言葉でいえばクリエイティブディストラクション――創造的破壊である。実はこれが「ピッカピカの一年生」の本質なんだ。

このＣＭが大ヒットし、いろいろなところから仕事が来るようになり、僕はこのＣＭの仕事を早めに後輩に渡した。われわれの世界でいうと、表現の「フレーム」ができあがっているので、誰がやっても同じような形のものになる。

でも、後輩たちにこのＣＭの本質――創造的破壊――をきちんと伝えていなかったので、どんどん、子供たちがただかわいらしいだけのＣＭになってしまった。

僕は子供が撮りたかったわけではなく、新しいテクノロジーであるビデオを使って世の中を驚かせたかった。さらに、すでにできあがっている先輩たちの美意識に対するアンチ美意識という思いをこの作品に込めていた。

当時のＣＭはストーリーボードを作り、物語で伝えるものが中心。僕はビデオという新しいテクノロジーを存分に見せて、ニュースのような――ノンストーリーのニュース速報のようなＣＭにしたかった。

二〇一八年にクリエイターズ殿堂入りしたのだけれど、選考理由に「ＣＭを『ジャーナリズム』と言いきる無二の人でもある」と書かれている。「ピッカピカの一年生」はすごくジャーナリスティックな作品なんだ。

昔から「困ったら３Ｂを使え」という格言がある。ベイビー＝赤ちゃん、子供、ビューティー＝美人、それからビースト＝動物の頭文字を取って３Ｂ。かわいいもの、美しいものを使えば手堅い反応がある。

僕にいわせれば、「ピッカピカの一年生」はそういうＣＭになってしまった。

青年の、できあがっているものに対する怒りというと大げさだけれど、企画の根っこにあったアンチロマン、アンチストーリーは意識されず、ただかわいいものを撮ればいいんでしょ、となった。ＣＭ表現としてはパワーダウンしているし、平凡なものになったことは否めない。

そのことにあるとき気がついたんだ。ＣＭの意図や本質を伝えず、後輩たちにも悪いことをしたし、何より自分の企画に対しても悪いことをしたなと。

代々受け継がれていくうちに、後輩たちは、あの作品が日本で初めてのビデオCMであることすら、知らないかもしれない。

これは大きな失敗だった。


ビデオを使った理由として、お金がなくても日本中を回っていけるというのもあるんだけど、先端テクノロジーはつくり方を変えてくれます。ありえないことをやらせてくれるんです。カメラマンも、ある程度意識的に、ニュース映像のカメラマンにお願いしました。だから最初、アート好きの人からはイヤなサイズ（フレーム切り）だと言われた。でも僕はニュース速報みたいにしたかったわけで全部ロジックがあるんです。

（杉山恒太郎著『僕と広告』グーテンベルクオーケストラ、P91〜92）

「セブンイレブンいい気分」の失敗

「セブンイレブンいい気分」は最初はラジオＣＭだった。当時の店舗数はまだ一〇店舗。のちに日本の経済界のスターになっていく鈴木敏文さんに呼ばれて「一〇店舗できたからラジオＣＭを作りたい」といわれたのがきっかけだ。そして、アメリカのラジオＣＭをテープで聞かせてもらった。そのジングルは「オー・サンキュー・ヘブン・フォー・セブンイレブン」と韻《いん》を踏んでいる。なので、日本のＣＭでも韻を踏もうと思い「セブンイレブンいい気分」となった。メロディーは「ピッカピカの一年生」同様、作曲家と二人で一晩で作った。

話を戻すと、その後、指数関数的に店が増えていく中で、テレビＣＭも始まった。ジングルは同じ。実はテレビＣＭも最初の何本か作って、後輩に引き継いでいる。

そのことを知った川崎徹というＣＭディレクターから「杉山さん、ああいう仕事は簡単に人に渡しちゃダメだよ。これからバンバン作って面白くなっていくんだから」といわれた。当時、他の仕事がガンガン来ていて、やりたい仕事もたくさんあったので、手放したんだけれど、彼がいうように「セブンイレブンいい気分」の世界を作り上げるという絶好のチャンスを自分から捨てたというのは確かだった。これも今から思えば失敗の一つだ。

ただ、自分でいうのもなんだが、当時は仕事が追いつかないぐらいの売れっ子になっていた。テレビＣＭだけでなく、大瀧詠一さんの「NIAGARA SONG BOOK」の映像ディレクターやテレビ東京の「サウンドブレイク」という音楽番組のディレクターをやったりもしていた。とにかくいろんな仕事を愉しみたかったんだ。

当時、テレビ朝日の「日曜洋画劇場」には六〇秒ＣＭの枠があった。普通のテレビＣＭは一五秒なのでかなりの長編だ。六〇秒もあれば、相当面白いことができる。クライアントも限られていて、サントリー、資生堂、当時バリバリだったレナウン、パナソニックの前身の松下電器産業という大手ばかりだった。やはりクリエイターとして、花形のＣＭを手掛けたいという思いも強くあった。だから「セブンイレブンいい気分」を早々と手放したのだけれど、やはりもったいないことをしたなと思う。

名声が欲しいというより、とにかくやりたいことがたくさんあった。特に自分が学生のときに見た、サントリーや資生堂のかっこいいＣＭを作ってみたかった。

> 「ピッカピカ」の後は、テレビＣＭの仕事がどんどん来るようになり、その頃の大ヒットでいうと、アサヒビールのミニ樽ですかね。（中略）片方でそういうものをやりながら、『ゆく年くる年』の長もの（SEIKO）をずっとつくっていました。1年の最後のテレビＣＭと次の年の最初のテレビＣＭをつくっていて、全部1分ものだから、それは幸

せな仕事だった。（中略）

ミニ樽などのあとが「ランボー」（サントリーローヤル／1983年）。当時、サントリーローヤルは五千円台の特別に高いウイスキーで、酒屋さんでは売れないからいつも奥にしまわれていたんです。それで、刺激的なモノをつくって、とにかく店頭に出してほしいというのが、サントリーからの依頼でした。

（杉山恒太郎著『僕と広告』グーテンベルクオーケストラ、Ｐ92〜93、一部改変）

匿名の仕事

一九八五年に大ヒットした小林旭の「熱き心に」は、ＡＧＦ「マキシム」インスタントコーヒーのＣＭソングだ。歌は大ヒットしたけれど、商品があまり売れなかったという意味で失敗だった。今でもクライアントには申し訳ないと思っている。

当時、インスタントコーヒー市場はネスカフェが圧倒的に強かった。「違いがわかる男」というコピーも人口に膾炙《かいしゃ》していた。

小林旭は小さい頃から憧れていた人で、作曲してくれた大瀧詠一さんも、何かの対談で小林旭が好きだといっていた。大瀧さんはめったにＣＭソングは受けないけれど、「NIAGARA SONG BOOK」で僕と信頼関係ができていたし、小林旭なら喜んで受けてもらえると思っていた。作詞は大瀧さんの希望で阿久悠さんにお願いした。

で、あの曲ができて大いに話題になって、シングルレコードもよく売れたのだけれど、肝心の商品は思うように動かなかった。今だったらもっと売れる仕組みを考えたのだけれど、ＣＭを当てたいというクライアントの希望もあり、そこで満足してしまったのかもしれない。

しかも、このＣＭは、僕が匿名で受けた仕事だった。営業に依頼されたのだけれど、競合他社のＣＭも担当していたので、名前を隠して受けたのだと思う。前にも書いたけれど、自分の名前が出るより、とにかく面白い仕事をやりたいという気持ちがあった。また、とにかく当時は仕事の依頼が引っ切りなしだったこともある。だからいくつも匿名で仕事をしていた。

パルコの広告は’80年代に一世を風靡《ふうび》したじゃないですか。僕は大きい会社にいたから、なかなかそういう仕事がまわってこなかったんですよ。「やってくれ」って話が間接的に来ても、会社としては受けられないでしょう。だからといってアルバイトでやるわけにもいかない。それで、お金がもらえなくても参加してたいって気持ちがあったから、無償でペンネームを使って引き受けた。パルコの広告の歴史を見ると、すごい変な名前の人間がいる。それは大体僕なんです。

（『週刊SPA！』2016年8月30日号、P126）

ただ、匿名の仕事はどこかダメなんだ。精神的に調子が悪くなったり、結果もあまり良くなかったりする。何かスッキリしないというか、その時期からスランプに陥った気がする。これは失敗であり、苦い思い出でもある。もちろん商品が売れなかったことも含めてだ。

広告は元々が匿名の仕事で、それが広告の良さだと僕は思っていた。表現者でありながら匿名でいられる。それでいて、影響力が強いことができる。

ただ、当時はCMディレクターに注目が集まり、コピーライターブームもあった。業界紙なんかでも自分の名前がだんだん出るようになった。それなのに自分の名前を出さずに仕事をすることが、精神衛生上、良くなかったのかもしれない。名前を出して仕事をしていたら、一〇〇%自分で責任を持つが、匿名であることで中途半端になっていたのだろう。責任感がないから自分の仕事という感じもしなかった。

結果的にその3年間はスランプが続いた。そんなふうになるとは思ってもいなかったので、自分でも不思議だった。

テクニックはあるけどスキルが足りない

「日本人はテクニックはあるけど、スキルが足りない」

元ラグビー日本代表監督のエディー・ジョーンズがいっていた。

ビジネスに置き換えると、テクニックとはマニュアル化できるものだろう。営業のマニュアルやマーケティングのマニュアルなど、正解があるものだ。正解がきちんとあるから、練習すれば基本的に誰でもできるようになる。

一方、スキルというのは状況判断なので教えられない。でも、間違いなくスキルがある人とない人がいる。それはかなり全人格的なものだ。

ビジネスでいえば、資料を集めて分析を行い、一番可能性が高いもので「これでいけ！」というのがデシジョンになる。一方、状況に応じて、自分の責任で「これでいこう！」「これをやってみよう！」というのはジャッジメントだ。

テクニックにはデシジョンがあるけれど、スキルにはデシジョンがなく、その場その場のジャッジメントの積み重ねとなる。ジャッジメントには、判断力や勘が欠かせない。また、勘を裏付ける日々の努力も必要だ。

スキルとテクニックは別ものではなく、スキルを身につけるためには、繰り返しのテクニックの練習が不可欠だ。これは教養を身につけることにもつながるだろう。また、全体を俯瞰する目も求められる。別の言い方をすると、ゲームの流れを読む目となるだろうか。

スキルがあると。思いもかけないところ、あり得ないところにパスを出すこともできる。しかし、相手にスキルがないと、うまく受け取ることができない。

エディーが「日本人はテクニックはあるけど、スキルが足りない」といったのは、日本人の多くが、答えのないことに対してすごく戸惑い、ときにパニックに陥ることを指しているのだろう。

僕自身に仕事のスキルがあるとするなら、やや牽強付会だが、高校までやっていたサッカーの影響が大きい。10番を付けて司令塔の役割を担っていた。それによって、全体を俯瞰する目を持てたのだろう。

今でも一つの仕事をサッカーの試合に置き換えて考えることが多い。広告の仕事はチームで取り組むから、今調子がいいのは誰かということを見分ける必要がある。誰でも好不調の波はあるから、好調な人間にボールを集めたい。よく「短期決戦はラッキーボーイを見つけろ」というが、とても大事なスキルだと思う。広告の仕事に寄せていうなら、あいつの書いているコピーは今、時代に合っている、といったことになるだろうか。

僕が仕事を受けるときは、ゴールのイメージはだいたい見えている。そこから逆算して、誰と誰というようにメンバーを決めていく。そこが楽しい。

ラグビー絡みでいうと、故・平尾誠二は「日本人は実はチームプレーが苦手だ」といっていて、僕もその通りだと思う。一般的には、日本人はチームプレーが得意だと思われているけれど、それは単に監督のいうことを守ってプレーしているだけだったり、自分を殺してチームのために尽くしたりしているだけで、それはチームプレーとはいわない。

先ほどのスキルの話にもつながるけれど、味方がびっくりするような動きをしたときに、どれだけ早くチームメートがそれに対応できるか、良しとして受け止めて次のプレーに移れるかどうかなんだ。それを「ルール違反するな」とか「打ち合わせと違うじゃないか」といった瞬間にチームプレーは崩壊する。

ビジネスにおいても、思いもかけないことが起きてほしいと常に思っている。予定調和だと面白くないし、それはクライアントも同じはずだ。

若い人に口出ししたくなることもある

あまりこういうことをいうのはよろしくないのだが、若い人を見ていると口を出したくなることが多々ある。実際にそれをやると、よくいるいやな先輩になるのでぐっと堪えている。こう思うこと自体が老化の証なのかもしれないが……。

たとえば映像の編集に関して、下手くそだな、細部の詰めが甘いなと思うことがある。われわれの先輩が、フィルムの一コマ、一コマを見ながら、どれだけ命懸けで編集していたか。

ただ、素人っぽくていやだなと思っても、もしかするとそれは新しい人たちの新しいセンスであり、僕が口出しすると、また八〇年代に戻っちゃうのかもしれない。だから、言葉が口から出かけても、相手に聞かれるまで待つようにしている。

「これ、どうですかね？」と質問されて、かつ話しても大丈夫そうだったら、「そこのカットはもうちょっとこうしたほうがいいと思うけどな」くらいのことはいう。本音では「おまえらダメだ！　おまえら素人だ！」といいたくなるときもある（笑）。ノスタルジーかもしれないけれど、昔は確かにレベルが高かった。

ただ、当時、広告代理店に来るような尖った人たちは、今だともっと注目度の高い、お金も稼げる別の業界に行っているのだろう。

昔は皆、時代を動かすという夢を持って広告の世界に飛び込んできていた。いつもキリキリしていて緊張感があった。クライアントも超プロだった。広告をすごく大切にしていて、宣伝部長から現場の担当者まで一家言《いっかげん》持っていた。本を読み、映画を観て、音楽もよく聴いていた。それに太刀打《たちう》ちできるくらい自分の感性を磨く必要もある（感性という言葉は好きではないが）。そうしないと、トップレベルの人たちに相手にされない。お互いそれだけプライドを持っていた。「そんなのおまえ、普通、学生のときに読んでるぞ」みたいな恐ろしい世界だった（笑）。

いかにも昭和のおじさんぽいことを書いてしまったが、若い人たちには大いに期待している。というのも、ここまで再三申し上げてきたように、広告は変わらなくては生き残れないからだ。僕は基本、大量生産・大量消費のエンジンとしての広告の世界で闘ってきた人間だ。右肩上がりの競争社会の中でいかに生き抜くかばかりを考えてきた。それは確かに一定の成果を上げたが、前時代の考え方であり、仕事のやり方だ。広告が公告になる世界で、それは通用しない。社会に貢献したいというマインドをアプリオリに持つ若い世代こそ、この仕事は相応しい。彼らをサポートするために、僕は自分の持つノウハウや人脈を、隠すことなく注ぎ込むつもりだ。

第4章　公共広告の世界

僕のプロボノのルーツは世界の公共広告

一九九一年と一九九二年はテレビCM部門、そしてインターネット広告の黎明期の一九九八年はついに新設されたサイバー部門と、都合三度、カンヌ国際広告祭（現・カンヌライオンズ）に国際審査員として参加した。

そこで学んだことは多々あるが、最も刺激を受けたことの一つに「公共広告」があった。まず驚かされたのは、世界から集められた公共広告のボリュームとその質の高さ。海の向こうでは公共広告の分野が、広告クリエイターの仕事の重要な側面を担っているということをいやというほど知らされることになった。

カンヌ国際広告祭での公共広告の正式なカテゴリー名は「NOT COMMERCIAL PUBLIC SERVICE & ADVERTISING」、チャリティ広告は「CHARITABLE CAUSES」である。

僕が審査員を務めた一九九一年は、公共広告は二〇三本、チャリティ広告は一五一本がエントリーされていた。

その中に日本の広告がどのくらい含まれていたかというと、実はごくわずかだ。商品広告や企業広告では、審査員側からするとややうんざりするほどすごい本数（三〇〇〇作品余り）がエントリーされているのに、である。しかもただストレートにメッセージを伝えるだけのもの――「迷惑駐車はやめましょう」「地球をきれいにしましょう」など。

「かっこわるいな。やっぱり僕たち社会性が足りないなぁ」「欧米の審査委員たちの手前、かっこつかないなぁ」と単純に思った。

これではまるで年がら年中「消費に明け暮れている国」と自ら世界に発信しているようなものではないか。

同じ年、世界の公共広告の中でもとりわけすごい衝撃を受けたのは、前年にブラジルで制作された熱帯雨林の問題をテーマにしたテレビＣＭだ。

その映像は、深い森の中に一人佇《たたず》むインディオの少女から始まる。小鳥たちのさえずりに抱かれ、幸福そうな音楽が流れている。そこで突然、その少女の黒く長い髪がバリカンで乱暴に刈られ始める。そのバリカンの音はやがて、森の大樹を切り倒すチェーンソーの音に変わっていく。大樹が根元から裂かれ、地面に叩きつけられる音が辺りに轟《とどろ》きわたる。ラストに映し出される、髪を刈られた少女の無惨な姿、悲しそうな目……。画面の最後に「熱帯雨林を守ろう！」というシンプルなタイトルが挿入される――。

初めてこれを見せられたとき、作り手として〈こんなの作りたいなぁ〉と強く憧れた。不謹慎かもしれないが、世界の公共広告はなんてかっこよく、かくも官能的なんだろう、と思ったのだ。

他にもいくつか印象的な作品があった。

ポルトガルから出品された、インドネシアの自然保護をテーマにしたＣＭは、たった一つのグラスとオレンジジュース、そして最後にオレンジに突き刺さるトロピカルな傘だけの表現で、十分に説得力を持っていた。

「インドネシアの森林を守ろう」というテーマの作品だったんだけれど、普通の発想なら、実際の緑豊かな森林と、伐採されて開発された場所を空撮して（今ならドローンか）、対比させる、という絵になりそうなところ、そこまでお金をかけず、より効果的にテーマを伝えることに成功している。メタファー（後述）であり、ビジュアルランゲージ（視覚言語。後述）という方法論に衝撃を受けた。

世界のクリエイターが競って公共広告を作るのは、まずは社会的意識が高いというのがもちろんあるが、商品広告と違ってクライアントからの制約がなく、比較的に自由に制作できるというのも大きい。仮に大きな賞を取れば、その広告代理店やクリエイティブ・ハウスは世界規模で名誉を勝ち取れるからだ。だから絶好の機会と捉え、本気を出してエントリーしてくる。

だが、一人のクリエイターとして、それ以上に重要なことにすぐに気づかされた。それは、公共広告こそ突出した広告表現の宝庫であり、こんなにチャレンジブルで面白い世界は他にない、ということだ。

世界と伍した公共広告を作りたい——僕は心に決めた。

人間の暗部に触れながら、広告を作る

広告は明るくなければいけない——当然の考えだ。こうした不文律のもと、僕たちは日々広告を作っている。商品をより多く売るため、企業のブランド価値をより高めるための企画をこしらえ、新たなコピーや映像を開発する。

ところが、これが公共広告となると前提はがらりと変わる。気候変動から森林破壊、ジェンダーフリー、アンチドラッグ、児童虐待、疫病や老いの問題、アパルトヘイト、レイシズム――濃淡あれど、誰の心の中にも潜む人間の暗部と対峙《たいじ》し、わずか一五秒や三〇秒、長くても一分という制約の中で、独自の表現手法を駆使しながら世の中への価値変容、気づきを促す。これが公共広告の真骨頂、真髄だ。

普段「笑顔表現」に縛られがちな僕たちが人間の暗部に触れながら広告を作る、しかも社会貢献の一端（ほとんどの場合、公共広告の仕事は利益が出ない）を担える――表現者としても社会人としても、本気にならざるを得ない。

考えてみれば、われわれの豊かな文化を創り出すのに、人間の暗部は、実は必要不可欠な要素（スパイス）でもある。

世界に届くために学んだ、視覚言語（ビジュアルランゲージ）という技術

カンヌ国際広告祭が他の賞と異なる大きな特徴は、世界から招聘された審査委員三〇名余りが、開催期間の五日間、同じホテルで寝食を共にしながら、早朝から夕暮れまで真っ暗な

試写室で、その年に集められた三〇〇〇本余りの作品を一気に審査することだ。

これはかなりタフな作業だが、大量の作品を短時間で見ることで、世界の広告コミュニケーション・シーンで今何が起きているのか、ということを窺い知ることができる。僕にとっては絶好の学習機会でもあった。

そこで僕が学んだ一番のことは、われわれに決定的に欠けているのは視覚言語（ノン・バーバルコミュニケーションともいう）である、ということだ。

よくいわれることだが、日本は二つの壁に長らく守られてきた。一つは日本列島の周囲の海という壁、もう一つは日本語というのが外国人にとってはかなり手強い言語の壁である。その結果、外国人とのコミュニケーションは今でもけして得意ではない。

国際舞台において、言語や文化を超え己の意思を伝えるためには、絵をまるで言葉のように扱う――ビジュアルランゲージの習得が欠かせないことを胸に収め、初の国際審査委員という大役を済ませて帰国の途についた。

帰国後、真っ先に向かったのは公共広告機構（ＡＣ）だった。そこで、海の向こう側から見た日本の広告の姿と現在地を報告し、日本の広告界のためにも世界レベルの公共広告を作るべきだ！と、僕にしてはめずらしく口角泡を飛ばしながら一席ぶった（今思うと恥ずかしい）。僕のあまりの形相に驚愕したのか、はたまた同情を買ったのか、彼らはなんとすぐに僕のリクエストに応えてくれた。

テーマは「家庭排水」。海を汚しているのは工業排水だけではない、実は家庭からの排水がそれと同じくらい汚している、この事実を世にアナウンスしたい、という仕事だった。

いきなりの僥倖《ぎょうこう》に我が意を得たりで、速攻企画に取り組むことになった。

アナロジー（類比）とメタファー（暗喩）とアレゴリー（寓話）

今回の企画の前提は、まず言葉に頼らないこと。つまりカンヌで学習した「視覚言語」を駆使したものであること。そしてもう一つ大切なのは、海外の人たちが理解しやすい文脈（コンテキスト）に乗せたものであること。

広告の仕事の一つに「説得」(persuade)がある。人は見事かつきれいに説得されると気持ち良さを感じる。いわゆる「腹落ちした」という感覚だ。

欧米の傑作広告たちを俯瞰、反芻し、さらに因数分解を試みると、必ずといっていいほど

「アナロジー」「メタファー」「アレゴリー」の三つを巧みに駆使して説得にかかっていることがわかる。後に文筆家の佐藤優が「この三要素は海外エリートが必ず会得している教養だ」と指摘しているのを読んだことがある。さすが国際的な視野の持ち主だ。

僕のお手本は、前述したブラジルの公共広告――少女と熱帯雨林のＣＭである。このＣＭを先の三つの要素に分解すると、以下のようになる。

すなわち、少女の長い髪と豊かな森というアナロジー（類比）、その髪を乱暴に斬るバリカンとチェーンソーのけたたましい爆音というメタファー（暗喩）、森の奥で幸せに暮らすインディオの少女とやがて破壊されていく熱帯雨林というアレゴリー（寓話）――である。

これらの映像をつなぎ合わせると、一切ナレーション（説明のための言葉）がいらない、視覚言語だけで世界中の聴者たちを唸らせる特上なＣＭが誕生するというわけだ。

これを今回の命題である「家庭排水」に置き換えてみよう。

残り物の濃厚なソースがシンクから流される映像と蒼《あお》く豊かな海、家庭の小さな排水口と汚れゆく大海原《おおうなばら》、そして海の精である可憐《かれん》な人魚姫と濃厚なソースを浴びた人魚姫が悲しむ姿、コピーは「台所が原因で海を汚すなら、台所から海をきれいにすることだってできます」という明快なレトリック。

できあがりを見て、制作チームの皆で思わず微笑んでしまった、ナニジンが作ったのかわからないＣＭができあがったのだ。言語や文化を超えた無国籍ＣＭ、まさに狙い通りの作品の完成である。

翌一九九二年、この作品をひっさげて国際審査委員として再度カンヌに参加した。大きな賞には届かなかったものの、公共広告という激戦のカテゴリーで入賞を果たし、カンヌへのささやかな意趣返し（リベンジ）ができた。

何よりも公共広告機構の皆さんへの恩返しを果たすことができ、ホッとして日本への帰路についたのだった。

リビングで、子どもたちが集まりお絵描き。クレヨンで何かを描きながら、それぞれが自分のパパにどれだけ愛されているかを、たどたどしい言葉で自慢話として話し始める。

少年１：My daddy loves me so much he bought me a baseball glove.

（僕のパパは僕のことが大好きだから野球のグローブを買ってくれたんだ。）
少年2：My daddy loves me so much he bought me a baseball glove and a video game.
（僕のパパは僕のことが大好きだから野球のグローブと、テレビゲームを買ってくれたんだ。）
少年3：My daddy loves me so much he bought me a baseball glove and three video games.
（僕のパパは僕のことが大好きだから野球のグローブと、テレビゲームを3つ買ってくれたんだ。）
少女：My daddy loves me so much he bought a Volvo.
（私のパパは私のことが大好きだからボルボを1台買ったの。）

そして画面は優しくフェードアウトして、やがて小さなボルボの企業ロゴだけが画面中央に上品に浮かんでくる。（中略）
たどたどしい子どもたちの会話は、イソップのようなアレゴリー（寓話）であり、親の愛情で結んだ子どもの玩具と大人の車のアナロジー（類比）、そして、車の安全、その先の不慮の事故！　というメタファー（暗喩）がＣＭという限られた時間、全体に贅沢にちりばめられているのが何度か見るとよくわかってくるのだ。

（杉山恒太郎著『アイデアの発見』インプレス、Ｐ83〜85）

「骨髄バンク」のキャンペーン

次に作った公共広告は「骨髄バンク」のキャンペーンで、ドナー数を大幅に増やすことを目的としたものだった。

この広告では、良き時代のアメリカの肝っ玉母さんとして、世界中から慕われていたブッシュ大統領（父親の方）夫人に登場してもらった。その「ママブッシュ」が、自らボランティアでアメリカの骨髄バンクのテレビ・キャンペーンに出演し、大変な効果を上げたと聞きつけたところから企画は始まった。

日本人に効果的にメッセージを伝える方法の一つに、「黒船作戦」というのがある。「海外ではこんなに進んでいる！　日本も何かしなくては！」とアピールするという、極めてシンプルな方法である。

今回は、欧米ではこういう人がボランティアで参加しているんだよ、ということを知ってもらい、「骨髄バンク」の活動のメジャー感を実感してもらう作戦だ。

その作戦を決めて、僕は、何とかブッシュ夫人からのメッセージをいただきたい、難しければアメリカの広告のビデオをそのまま使用させていただきたい、と交渉した。

結果はＯＫ。広告キャンペーンは実際に効果を上げ、財団法人骨髄移植推進財団から感謝状をいただいた。

おかげで「骨髄バンク」の仕事がもう一年続いた。

翌年の「骨髄バンク」の広告では、コピーとナレーションで「命のボランティア」という言葉を使い、映像では実際にドナーからの移植を待っている子供たちに登場してもらった。どちらも、それまでの日本の公共広告ではタブーとされていたことだった。

「命」という言葉は「死」を連想させる。だから当時のテレビ局の考査をなかなか通らなかった。だが、僕は「絶対、引くな」といい続け、担当のコピーライターも粘り強く交渉し、どうにか通すことができた。

次に取り組んだのが「ドラッグ」をテーマにした広告だ。僕は、青春のリアリティを感じさせるような、今の時代のスピード感のあるロックスピリッツを感じさせる公共広告を実現したかった。イギリス映画『トレインスポッティング』のようなトーンの広告といえば、わかってもらえるだろうか。

そこでＳＭＡＰ（当時）の草彅剛さんに出演を依頼、その意図をご理解いただき、ほとんどボランティアのような形で登場してもらった。

このＣＭでも一悶着あった。公共広告機構は様々な企業の支援で成り立っている団体だ。中には製薬会社もある。だからそこに忖度《そんたく》して「ドラッグ」ではなく「麻薬」にしてくれという横槍が入った。このときは意外なことに警察が助けてくれた。「『ドラッグ』といわなければ子供たちには届きません」といってくれたのだ。

「WATER MAN」

一九九六年、念願だった海外のクリエイティブとの直接対決が実現した。それは二年に一度、アメリカの公共広告機構と日本の公共広告機構が中心となり、両国の競合コンペによって行われる「水」をテーマにした環境広告キャンペーンだ。

最初のカンヌ以来、ビジュアルランゲージというキーワードをずっと考え続けていた僕は、とにかくそこに最重点を置いて、今でも敬慕する小田桐昭さんのもとでコンテを描いた。とてもシンプルなレトリックを考えたのである。

「人間の体の70％は水です。あなたが汚した水は、いつか　あなたを汚すことになります」

エントリー後、間もなくアメリカから「日本から初めて日本語がわからなくてもわかるコンテがエントリーされた」という驚きに満ちたニュースが伝わってきた。最終的に僕自身がニューヨークに行って説得し、コンペに勝った。

そうして作られたＣＭが「ＷＡＴＥＲ　ＭＡＮ」。この広告は、ブルーに澄んだ半透明の人間が歩いていて、「あなたが汚した水は……」というナレーションが始まり、気がつくと結局は自分の身体も汚してしまう、という内容だ。

もしかしたらこれが、初めて全米に流れた日本発のテレビＣＭかもしれない。このＣＭは、国内外で実に一〇もの広告賞を受賞した。

公共広告は「広告のための広告」

そもそも公共広告を定義づけるのはとても難しい。企業や商品やサービスを伝える経済活動とは違う目的で、社会やコミュニティの抱える課題や社会的なコンセンサスを深めるためのコミュニケーションとして、独自に発信、進化してきたものだ。

戦争、災害、貧困、差別、病気、交通事故、麻薬、犯罪、教育、医療、高齢化——社会には実にたくさんの課題があり、公共広告を必要とするそれぞれのテーマの比重は、時代とともに変化してきている。

「広告コミュニケーション」という表現スタイルで、世の中のいろいろな問題が提起されて社会的に認知されたり、その問題の拡大を抑えたりすることもできる。たとえばＡＩＤＳや森林破壊のように。素晴らしい公共広告が世の中に与えるインパクトを見ると、広告の力は本当にすごいと、今さらながら感じる。

そういう広告の力を世の中にわかりやすく示し、見せつけるのが公共広告だ。つまり公共広告は「広告のための広告」でもある。しかし、すごく注意深く作らないと、とても嫌らしいお説教広告になってしまう。

僕がこんなふうに、公共広告と戦っていたのはバブルの後期。まだ広告業界もすごくはしゃいでいた時期で、人間の持つ温度や表情を極端に抑えた、功利、効率のみを目指した広告ばかりだった。そういう状況に不自由さを感じ、うんざりしていた僕にとって、公共広告は隠れ蓑になったし、駆け込み寺でもあった。公共広告を知ったことで、精神的に潰れずに済んだ。広告制作者として救ってもらったような気がしている。大げさにいえば、公共広告は僕の広告人としての命の恩人だ。

だからといって、ものを消費させるだけの仕事をしたことに対するやましい気持ちを何とかするためとか、多少は社会に恩返ししなきゃいけないと思って……というふうに持っていくと、つまらないものになってしまう。

公共広告は世界的に見ても、広告表現の最高の水準の競争の場所だ。だからここで勝たなきゃしようがない。そう思ってやっていったことが、結果的に良い結果を生んだのだと思う。

カンヌだと毎日、速報が出るんです（『lions Daily News』）。僕が一番ショックだったのはイギリスの女性記者が、審査の裏話的なコラム記事に、「（審査のとき）アングロサクソンやラテンは裏で組むというふうにスカンジナビア人や日本人は非難する。でもあなたたちはもうスクールボーイじゃないんだから」という趣旨のことを書いていて、それはガツーンときました。スクールボーイと言われるのは恥ずかしい。

（杉山恒太郎著『僕と広告』グーテンベルクオーケストラ、P110）

ソーシャル・コンセンサス（社会的価値形成）とOS-1

今「熱中症」という言葉は当たり前のように使われている。NHKですら真夏の天気予報で「本日は熱中症に気をつけましょう」とたびたび警告を発するようになった。「熱中症」という言葉は僕が作ったものではないけれど、10年前より始まった〝熱中症ケアのためのドリンク、OS-1〟のキャンペーンが、〝熱中症〟を社会的な言葉として定着させたのは間違いないと思う。

ライトパブリシティ移籍直後に、「これからは杉山さんと直に仕事ができるようになって、嬉しい！」と真っ先に連絡をいただいたクライアントの一つ、大塚製薬工場の本田部長さんからオリエンテーションを受けた商品がＯＳ‐１だった。

そこには〝経口《けいこう》補《ほ》水液《すいえき》〟と記されていたが、そんな言葉、これまでの人生で一度も出合ったことがない。しかも、医師・薬剤師に相談できる場所でしか基本的に売ることができないという。

これをマス商品としてどういうコミュニケーションを図ればいいものか……。けっこう重い課題ではあったが、そこでとっさに思いついたのが「コミュニケーション・デザイン」というクリエイティブ手法だった。

これは、当時、ロンドンのノントラ（nontraditional）と呼ばれる若者たちのクリエイティブ・ブティックが始めた新しい手法で、何でもかんでもテレビＣＭを打つのではなく、台頭しつつあったインターネットを駆使して世の中の〝空気を醸成する〟ことを主眼にしたものだ。

そこで、ＯＳ‐１の広告キャンペーンでは、まずすでに始まっていたテレビＣＭを一度止めてもらった。今から思うと、その時点でよく止めるという英断をしていただけたと思う。

次に、オンライン上に社会的装置として「かくれ脱水」委員会というバーチャルな組織を立ち上げ、その告知を新聞で展開し、「熱中症とは、時に生命をおびやかしかねない病である」というメッセージを発信。これによって「ソーシャル・コンセンサス（社会的合意形成）」を図った。

さらに、世の中に〝熱中症は危険だ〟という〝空気〟が生まれつつある頃合いを見計らって——つまり訴求するポイントに時差をつけて——テレビCMを流した。イメージタレントとして、所ジョージさんを起用。畑仕事で熱中症になり救急車で運ばれた経験を持つ彼の起用は説得力があり、お人柄も率直で魅力的だった。

こうした取り組みすべてが統合的に作用し、キャンペーン直後に商品がいきなり市場で動き出したのだ。

「奇跡を見ているようだった」

クライアントの担当の女性の方の一言は、今でも耳に残っている。

これは魔法でもなんでもなく、コミュニケーション・デザインという手法を選び、それが奏功したに過ぎない。

ソーシャル・コンセンサス＝社会的合意形成・社会的価値形成を促すという、このOS-1の仕事も、〝公共広告〟を手掛けてきた経験がとても役立ったと今ではわかるし、次章で

CD・C　谷野栄治
C　大坪輝央
AD　高屋博一
Pr　吉田芳昭
ECD　杉山恒太郎

説明するプロボノを経験して得られるものと、とても似ている。

「あんな難解な商品をよくあそこまで成長させたねえ」

他のクライアントからお褒めの言葉もいただいて新たな仕事も舞い込み、この商品との出合いは、確実に僕のクリエイティブ・プランナーとしての選手寿命を延ばしてくれた。

今でもゴルフ場のロッカーの彼方《かなた》から「ヤバ！　ＯＳ-１忘れたぁ！」という声が鳴り響くたびに「ああ、世の中に届いたんだ！」と実感する。これこそ広告の仕事冥利に尽きる、喜びの一瞬だ。

第5章　プロボノという幸福《シアワセ》——人はなぜ他者に与えるのか

Love is doing small things with great love. Mother Teresa

（愛とは大きな愛情をもって小さなことをすることです。マザー・テレサ）

果てしない人・瀬谷ルミ子さんとの出会い――「REALs」

瀬谷ルミ子さんにお会いしたのは二〇一八年だったか、友人の元日経新聞専務でかつて敏腕経済記者として名を馳せた長田公平さんから紹介を受けた。

長田さんとは、インターネットの勃興期、彼は新聞メディアで、僕は広告代理店（特にデジタル・クリエイティブ）で、共にネットビジネス確立のため腐心したいわば刎頸《ふんけい》の友だ。現役からの引き際も見事で、その端正な出で立ち、青年のような細身を保った姿はまるで市川雷蔵演じる崇高なる侍（眠狂四郎）のようで、友人ながらも僕は密かに畏怖《いふ》の念を抱いていた。

ある日、長田さんから連絡をもらう。「杉山さん、あることで相談に乗ってもらいたいんですよ。そのことで会ってもらいたい人がいてね……」と。

瀬谷ルミ子さんは、どこかで出会ったことのあるような端正な日本人女性だった。著書に『職業は武装解除』（朝日新聞出版）があるという。いただいた名刺には「日本紛争予防センター」という組織名。その硬派な文字面に驚愕するヤワな僕。

「彼女のことを応援しようと思って、寄付を募るため知り合いの企業を瀬谷さんを連れて回ったんだけど、この紛争予防……というネーミング見て皆びっくりしちゃって。皆さん、瀬谷さんのやっていることに理解、賛同はしてくれるのだけど、ね」

「だから、この際思い切って名前を変えたらいいんじゃないかと思ってね、そこで今回御社にこうしてやって来た」

僕は思わず寛爾《かんじ》として笑ってしまった。

わかるなぁ、そんな物騒な名刺をいきなり見せられたら、いくら気持ちがあっても容易にハイとはいえないもんなぁ……。

戸惑う相手の反応がわかりすぎるぐらいわかって、その場で「やってみましょう！」と即答するしかなかった。

「日本紛争予防センター」は、紛争が起きてしまったあとの支援ではなく、争いの「予防」を専門とする、おそらく日本で唯一のＮＧＯだ。

一度争いが起きると、憎しみの連鎖が始まる。それを解消するには途方もない時間がかかる。なら、争いが起きる予兆を察知して防ぐ。そういう世の中を作る。そのために彼女は女性を平和の担い手として育成して和平合意に導いたり、争い予防のノウハウを世界中にシェアしたりしている。

具体的には、憎み合う民族同士が争わないようにするために、「野菜作りのノウハウを教える」といって両者を集め、わざと道具の貸し借りを発生させる。すると、「あの民族は悪だ、と教えられてきたけれど、ちゃんと期限までに道具を返してくれた」というようなことが起こる。それを繰り返すことで、将来の争いの芽をつむのだ。

目指すべきは「日本紛争予防センター」の新しいネーミングの立案。

そこから長い議論が始まり、二年の歳月が過ぎ、瀬谷さんから最終決定をいただき、二〇二〇年、彼女らの広報誌秋号にて「ＲＥＡＬｓ」(Reach Alternatives)へ組織名を変更するという正式な発表がなされた。「Reach Alternatives」とは、「今までにない選択肢を作る」という意味だ（口絵Ｐ４～５）。

誌上には笑顔の理事長・瀬谷ルミ子さんの挨拶が載っている。

「組織名が変わってもＲＥＡＬｓが引き続き目指すのは、有事に劇的な救世主の到来をひたすら待ちわびるのではなく、お金を出すか、軍を出すか、非建設的な他者批判をするかの三択に終始するのでもない、新たな選択肢をつくること。命が失われてから嘆くよりも、未然に防ぐ道をつくる。争いの結果、命を落とした人たちが『また生まれてきたい』と思う社会を築く。紛争地にとっても日本にとっても『自分ごと』であるそんな社会づくりに、紛争地と日本の一人でも多くの人々が参加してもらえるよう、引き続き頑張っていきます」

最終ページのお知らせには「トップページのデザインや理念の言語化をはじめ、組織の新しいロゴなどを含むリブランディング全般について、株式会社ライトパブリシティ様（東京都中央区）にプロボノで多大なご協力を頂いています」とご丁寧な一文を添えてくださった。

さて、ここに「プロボノ」という言葉が出てくる。瀬谷さんとの議論の中でも時折出てきた言葉だった。前後の文脈からボランティアの一種だとは察せられるものの、正直、その真の意味はわかっていなかった。彼女曰《いわ》く「ウチも税理士さんや会計士さんにはプロボノでお願いしているの」と。

追々わかってきたのは、二〇〇九年頃から日本でもプロボノ活動に対する注目が高まり（知らなかった）、二〇一〇年はプロボノ元年といわれていること。それ以降、自分のスキルを生かして社会貢献できるプロボノ活動に参加したいという人々が増えたそうだ。

税理士、会計士のような士業の他に、マネジメント系、デザイン・クリエイティブ系、システム・IT系、調査・分析系など、様々な分野で広がりを見せ、自分の力を試したい人たちがその場所を探して始めたという。

遅ればせながらも僕たちをプロボノという未知の世界に導いてくれた瀬谷ルミ子さんには、驚かされることが度々あった。

議論を始めた最初の頃だと記憶するが、彼女は突然姿を消した(ように感じた)。どうしているんだろうかと感じ始めた四、五ヶ月後に再び姿を現し、「どうなさっていたのですか?」と尋ねると「ソマリアに行っていました! ちょっと問題が起きまして……」と現地の写真などを見せてくれる。

僕たちが銀座で日常を繰り返しているその時間に、この人は紛争地の真ん中に立っていたのだ。一瞬時空を飛び超えたテレポーテーションのような奇妙な感覚に襲われる。

この人はなんて人だ! 僕には絶対できないことをしている。ここで初めてリアルな瀬谷ルミ子さんを実感し、僕たちでやれることがあれば応援しようとなった。

瀬谷さんはインタビューでこう答えている。

「高校のとき、ルワンダの難民キャンプで亡くなりかけているお母さんを子供が泣きながら起こそうとしているその写真を見て、同情よりも共感を覚えた。そして自分は家でお菓子を食べてこの写真を見てる。私たちとこの人たちの違いって何なんだろう。世界の仕組みの違いに疑問を持ったことが紛争地での武装解除の専門家に自分を導いたきっかけだった」

ＮＨＫ「プロフェッショナル　仕事の流儀　銃よ、憎しみよ、さようなら」（二〇〇九年四月二一日放送）をご覧になった方もいるだろう。

二〇一一年には「Newsweek」日本版の「世界が尊敬する日本人25人」に選出、二〇一五年にはイギリス政府による「International Leaders Programme」に選出、ＡＥＲＡ「２０２０年の主役50人」にも選出されている。「日経ウーマンオブザイヤー」も受賞。今も東奔西走している。

仕事、健康、人生に対してＧＲＩＴ（やり抜く力）を身を以てわれわれに見せてくれた瀬谷さんは、僕が絶対にやれないことをやっている果てしない人だ（僕はこういう人をこう呼ぶ）。今回少しでもお役に立てたのなら、その喜びは何を持っても代えがたいことだ。

「いつも人にもらうことばっかり考えず、人にあげれる人になれよ！」

自戒を込めて周りの後輩たちにはいつもいっている。人にあげれるようになって初めて一人前の大人になるのさ、とね。

「おかえりＧＩＮＺＡ」

コロナ禍での初の緊急事態宣言が発令された二〇二〇年四月七日、東京の新規感染者数は八七人と記録されている。

今思えば僕たちは、ロンドン、パリ、ニューヨークでの新型コロナウイルス感染症の猛威と各都市の厳戒なロックダウンのニュースに釘付けになり、やがて我が身に降りかかるのではと怯え、身構えていたのだった。

ウイルスという目に見えぬ未体験の恐怖に静まりかえった東京の街の中でも、とりわけその度合いが激しかったのは銀座だったのではないか。

世界有数のショッピングタウンとはいえ、住んでいる人はほとんど皆無。ある日の夕方、数寄屋橋《すきやばし》の交差点で見渡せば、立っているのは僕だけという信じがたいこともあった。

緊急事態宣言下とはいえ、会社のすべての機能を止めるわけにもいかず、出社する人間がいる以上、基本短時間とはいえ僕も日々出社していた。

会社に出ていた午後、その日出勤せざるを得ない若手に遭遇。

「大丈夫か、気をつけろよ！」

「社長こそ家にいてくださいっ！」

「何いってんだぁ、沈みゆく船で船長が逃げたら、シャレにならないだろぉ（もちろん冗談です）」

「そんなかっこつけないでいいですから、社長の歳が一番危ないんですよ」

「だよな……」


一方で、僕のｉＰｈｏｎｅには、数十年ぶりに北インドの町からヒマラヤ山脈の神々しい峰々が見えたとか、ヴェネツィアの運河の透明度が回復し、魚が泳ぐのが見えるようになった（信じられないことだ）といったニュースが動画付きで送信されてくる。

今まさにこの地球が一気に清浄化されている様子が、フィジカルに伝わってくる。世界はたった一、二ヶ月経済活動を抑えるだけで、こんなにも変わるのだ。逆にいえば、日々、僕たちがどれだけ無理をしていたかがよくわかる。

ウイルス・パンデミックを眼前に「これは、地球からの警告」「地球が怒ってるんだ」などの言葉がオンライン上を飛び交った。そこで頭に浮かんだのはバックミンスター・フラーの宇宙船地球号（Spaceship Earth）とガイア理論の科学者ジェームズ・ラブロックの名であった。

いずれも地球の有限性を訴え、地球を巨大な一つの生き物と捉えた考え方である。

まずは本棚の隅からフラーを取り出しペラペラと開く。『宇宙船「地球」号　フラー　人類の行方を語る』（東野芳明訳　ダイヤモンド社）は一九七二年の刊行だった。すでに半世紀の時間が経過していた。

こんな感慨にしばし浸る隙もなく、緊急事態宣言は、発出から七週間弱が過ぎた五月二五日に解除に至ったのだった。

それはプロボノという大義で始まったものではなかった

依然として重たい空気が街を支配しているものの、いつまでも心身を停滞させているわけにはいかない。

真っ先に再会し、話をしたのは銀座の老舗テーラー壹番館《いちばんかん》洋服店の渡辺新さん。

彼とはこの四、五年、誰に頼まれたわけでもなく、銀座の未来について勝手に議論を続けてきた。その話しっぷりは痛快だ。

「僕たち、浅草の奴らに下町呼ばわりされてんですよ。俺たちは門前町、おまえらはお城の下だから下町だと。しかも浅草は門前町で寺社奉行管轄だと威張ってやがる！」

こんな会話の中にも、浅草への弛《たゆ》まないリスペクトを滲ませる。銀座でも浅草でも自ら営む生活圏を「己の街」として認識し、愛情を注ぐ。この感覚は忘れたくない。誰でも自分の街だと思ったら大切にするはずだ。

近年、羨望の街、銀座にも徐々に異変が起きつつある。たとえばすぐお隣の大手町や日本橋は巨大資本による都市開発が行われている。潤沢な予算と綿密なマーケティング戦略に裏打ちされた新しい街作りは、彼らにとって脅威だ。

「恒太郎さん、銀座の魅力は老舗といわれる店でも、そこの主人がいまだ店先に立って商いをしていることではないでしょうか。僕だったら直にお客の寸法を測ったり生地を裁断したりしますし、和菓子屋なら主人自ら餡をこねているし、寿司屋ならもちろん主人が握っている……」

その場所でその人が長い時間をかけて培った歴史と物語は、けしてお金では買えないものだと思う。お金を出しても出し切れない高価なものもたくさんあるけれど、同時にお金では買えないものがあることを、銀座は教えてくれる街でもあるのだ。

ちなみに都市開発とは物語作りでもある。そして物語には二種類ある。きちんと構成され、作り上げられたいわゆるストーリーと、個々人がフィジカルな実感に基づいて話すナラティブ（語り口）と称される物語だ。個人的には、時代はナラティブ（narrative）なコミュニケーションへ移行していると思う。

ただでさえ安閑としてはいられない我が銀座の街（弊社ライトパブリシティも二〇二一年に創業七〇年を迎えた、この街に育まれてきた最古の広告デザイン会社）への前代未聞のコロナ禍の急襲は、一瞬誰もが思考停止状態に陥るほどの出来事だった。

翻《ひるがえ》って僕自身、前職から移籍してきて一〇年を迎えるライトパブリシティの生活を通して、この街で何人かの友人も生まれ、いつの間にか我が胸の裡《うち》に涵養されていた地元愛（不思議だ）からも刺激を受け、この街の窮状を見るにつけ、何かお役に立てることはできないものかと考えていた。

そして、いろいろ考えた末に思い立ったのが「デザインの無償提供」だった。

暮れまでの半年間はデザインを無償でやらせてもらう。テイクアウトの写真も、僕たちが撮ればもっと美味しそうにできるだろうし、手書きのメニューもきちんと素敵にデザインさせてもらう——。

これこそが僕たちデザイン会社ライトパブリシティの得意技で、銀座の仲間たちに貢献可能だし（無理していない感じが気持ちいいのだ）、デザインの力というものを大いに知ってもらう絶好の機会でもある。老舗デザイン会社の矜持でもあるかなと考えた。

プロボノは人を育てる

さっそくチームを立ち上げ企画作業に取りかかる。

アートディレクター、コピーライター、プロデューサー、CD（クリエイティブ・ディレクター）、中堅から若手まで即日集まってくれて何と心強いことか。

ここでいうCDとは大工の棟梁で現場監督、僕の役目はECD（エグゼクティブ・クリエイティブ・ディレクター）で、いわば街の工務店のオヤジだと思ってもらえばいい。

目的は明瞭だ。一日も早くあの華やいで賑やかな銀座が帰ってきてほしい、閑散として静まり返った街並みを前に戸惑っている銀座の友人たちに希望を与える等々……。

四、五日後、アイデアの欠片《かけら》から伝え方の新たなアクションプランとそれを促す新たなコトバまで続々と集まってきた。

そして遅ればせながらそこで気づいた、僕たちがやっていることは紛れもなく「プロボノ」だと。瀬谷ルミ子さんとのお付き合いでプロボノという言葉は知っていたが、依頼されて始めることと自ら始めることはやはり違っていて、ここで初めて自覚的にその意味を理解したのだった。

検索すると「プロボノとは、社会人が自らの専門知識や経験、技能を社会貢献のために無償もしくはわずかな報酬で提供するボランティア活動であり、ラテン語の『Pro bono publico』（公共善、つまり公益のため）からきている」「それは本業の延長でもあり、同時にスキルアップも図れるという新しい働き方の一つ、新しいプロフェッショナリズムの表現である」とある。

小さい頃から団体行動が苦手で、故に我儘《わがまま》な奴だと（開き直るつもりはないのだけれど）不当（？）に揶揄《やゆ》されてきた僕のような人間には、プロボノという個人技を生かした社会貢献なら、無償であろうと我が意を得たりで、喜んで受けることができるなぁと思った。

　超特急で始めた企画もいい感じにまとまり、いよいよ満を持してのプレゼンテーション。弊社ライトパブリシティの会議室に集まってくれたのは、渡辺新はじめ五名の銀座をリードする若き重鎮たち。

「これはプロボノでやらせてください」と僕が口火を切る。加えて「今年半年いっぱいデザインを無償で提供させてもらいたい」と続けた。

　企画説明に入る。メインコピーは「おかえりＧＩＮＺＡ」だ。お客さんたちへの想いと銀座人たちへのインナー応援メッセージのダブルミーニングだと説明。発信するメディアは銀座らしく暖簾《のれん》としたい。欧米の街ならきっとフラッグにするだろう。だからこそ暖簾が素敵だと。しばし議論のあとで彼らが異口同音、一斉に口にしたのは「プロの仕事って、すごい！」であった（口絵Ｐ1〜3）。

　この一言が、急拵《ごしら》えの若きクリエイターチームの一人ひとりの心の奥にどれだけ強く深く響いたことか！

　僕がこの作業を通して人知れず感動し、胸の高まりを抑えるのに必死だったのは、若いチームの皆の嬉々として働く姿、ただでさえ忙しい彼らがここまでやるのか！というその仕事っぷりに感服していたためだ。

プロボノは人を明るくする。プロボノは人を一気に成長させる。この短期間で彼らは人として一回りも二回りも大きく逞しくなっていった。

「風の谷を創る」プロジェクト

安宅《あたか》和人さんも、僕にとっては瀬谷ルミ子さんと同じ「果てしない人」だ。

安宅さんは、ヤフー株式会社ＣＳＯ（チーフストラテジーオフィサー）、慶應義塾大学環境情報学部教授、データサイエンティスト協会理事・スキル定義委員長など、ＡＩ×データ系の様々な重要な公職を務めるスーパーマンである。お会いしたきっかけは、知己の紹介で食事をしたことだった。

彼は「開疎化」というなんとも魅力的な言葉を提唱している。「開放（open）」と「疎（Sparse）」を組み合わせて「開疎化」。外部に対して閉じた「過疎」ではなく、空気のみならず文化も外部に向かって開かれた空間である。これまでの都市型社会は「密閉」され「高密度」であった。彼の問題意識は、都会的な知的創造ができる「疎」で美しい空間を作れないか、というものである。

現在の大量生産・大量消費社会は、都市を作り、人を集中的に集め、安価で大量の労働力を投入することで初めて成り立つ。しかし、そういう社会のあり方は、コロナ禍の問題もあり限界を迎えつつある。そういう「密」な都市をもう一回分散することを安宅さんは目指している。だけど、それは単なる田園都市の創生ではなく、新しいテクノロジーを導入し、理想的な空間を作っていくというものだ。

その空間のイメージとして、宮崎駿監督による傑作アニメーション映画『風の谷のナウシカ』から「風の谷」を拝借している。安宅さんの著書『シン・ニホン』（NewsPicks PUBLISHING）から、そのイメージが降りてきた瞬間を引用しよう。

> 今、データ×ＡＩや、それ以外にも数多くのこれまでは不可能だったことを可能にする技術が一気に花開いているが、これらはそもそも人間を解放するためにあるのではないのか。テクノロジーの力を使い倒すことにより、僕らはもっと自然と共に生きる美

しい未来を創ることはできないのか？　そうだ！「風の谷」だ！

その考え方にものすごく共感したし、とても希望の持てるプロジェクトだと思った。安宅さん個人とも親しくさせてもらっていることもあり、「風の谷」プロジェクトのロゴデザインはプロボノでやらせてもらいます、となったわけだ（口絵P6）。

加えて、この「風の谷」プロジェクトの「風の谷憲章」の文章が素晴らしい！　ぜひ皆さんにも読んでいただきたく、一部を『シン・ニホン』から引用する。

「風の谷」はどんなところか
よいコミュニティである以前に、よい場所である。
ただし、結果的によいコミュニティが生まれることは歓迎する。
人間が自然と共存する場所である。
ただし、そのために最新テクノロジーを使い倒す。
その土地の素材を活かした美しい場所である。
ただし、美しさはその土地土地でまったく異なる。

水の音、鳥の声、森の息吹・・・・自然を五感で感じられる場所である。

ただし、砂漠でもかまわない。

高い建物も高速道路も目に入らない。自然が主役である。

ただし、人工物の活用なくしてこの世界はつくれない。

「風の谷」はどうやってつくるか

国家や自治体に働きかけて実現させるものではない。

ただし、行政の力を利用することを否定するものではない。

「風の谷」に共感する人の力が結集して出来上がるものである。

ただし、「風の谷」への共感以外は、価値観がばらばらでいい。

既存の村を立て直すのではなく、廃村を利用してゼロからつくる。

ただし、完全な廃村である必要はない。

「風の谷」に決まった答えはない。やりながら創りだしていくもの。そのためには、行き詰ってもあきらめずにしつこくやる。

ただし、無理はしない。

「風の谷」を１つ創ることで、世界で１０００の「風の谷」が生まれる可能性がある。
ただし、世界に同じ「風の谷」は存在しない。

「コモン（common）」という考え方

ニュージーランドの議会は15日、先住民マオリ（Maori）が崇拝する川に「法律上の人格」を認める法案を可決した。河川を法人と認める判断は世界初とみられる。

欧米諸国の判例とマオリの神秘主義を兼ね備えた法律は、ワンガヌイ川（Whanganui River）を「生きている実在物」だと正式に宣言した。クリストファー・フィンレイソン（Christopher Finlayson）司法長官は、「（ワンガヌイ川は）法的な人格と、それに付随するあらゆる権利、義務、法人としての法的責任を有することになる」と述べた。

マオリの人々から「テアワトゥプア（Te Awa Tupua）」の名で呼ばれるワンガヌイ川は、ニュージーランドで3番目に長い川。フィンレイソン長官によると、川の周辺に暮らすマオリの部族（イウィ）は１８７０年代から川をめぐる権利を主張しており、同国でも最も長期に及ぶ法的な争いとなっていたという。

(https://www.afpbb.com/articles/-/3121661)

「コモン（common）」とは、「共有資産」を意味する言葉だ。

前の記事にあるように、ニュージーランドでは川が正式に人格を持った。

この流れが加速すると、自然物はすべてコモンになるし、個々人が身につけた知識やスキルもコモンになる。具体的には、広告の表現技術とかアイデアの発想法とかもそうだ。コモンということになれば、みんなのものだから、必要であればパブリックサービスに用いることができる。

このコモンの概念は、プロボノの一つの論理的裏付けとなるのではないだろうか。ボランティアやプロボノというと、自己犠牲というか、「やってあげている」ニュアンスが出てしまうが、コモンの概念を導入すると、共有資産なんだから、やって当たり前ということになる。

たまたま僕は今、広告の世界にいる。かつて資本主義のエンジンであった広告は、大量生産・大量消費の時代が終焉を迎えると、存在価値が問われる。

ここで、プロボノ的なセンス＝パブリックサービスという考え方を投入することで、広告の社会的価値を再定義できるのではないだろうか。それによって、広告というものの存在が再び説得力を持つのではないか。

　コモンという概念はそのような力を持つものだと思う。

※本文では取り上げていないプロボノ事例を口絵Ｐ７〜８に掲載しています。

特別対談

山口周 × 杉山恒太郎

プロボノの大きな意味

杉山　まず山口くんに話を深めてもらいたいのは、プロボノのこと。

本文にも書いたけれど、新型コロナウイルスの影響を受けて、銀座の街が本当に大変なことになった。第一回目の緊急事態宣言の頃は、日本で一番のゴーストタウンになっていたと思うよ。生活のない街だし、本当に人っ子一人いなかったからね。

僕もライトパブリシティに移籍して一〇年、銀座で暮らしている中で老舗の旦那衆と呼ばれる若い経営者たちとも友情みたいなのが芽生えていたし、皆さんもさすがに戸惑っていた。その姿を見て、何かサポートしてあげられないものかと思ったんだ。ライトにとって銀座の街は七〇年お世話になっているホームタウンそのものだしね。

それで考えていくうちに、「そうだ、デザインなら彼らに無償で提供することができる」と気づいた。そこで、若い旦那衆何人かに会社まで来てもらって、半年間、二〇二〇年の暮れぐらいまで、一切無償でデザインのサポートをするので、何でもいってほしいと伝えた。

たとえば当時、多くの店が料理のテイクアウトを始めて、写真を外に貼っていたけれど、やっぱり素人の写真だからあまり美味しそうに見えない。文字の使い方もそう。でも、われわれだったらもう少し美味しく見えるようにできる。そういう小さなことから始まって、最終的に「おかえりＧＩＮＺＡ」という元気の出る！キャンペーンをやろうということになった。

西洋だと、何かの「宣言」はだいたい旗だけれど、この街・銀座は「暖簾」だろうと考え、「暖簾」をメディア化して、「おかえりＧＩＮＺＡ」という新ロゴをデザインして、それぞれの店先で展開してもらった。

それがあっという間に「うちも、ぜひ！」と六〇店舗ぐらいに広がって、みんなすごく喜んでくれて、単純に恩返しできたかなぁという気持ちもあったけれど、何よりも嬉しかったのは、「おかえりＧＩＮＺＡ」に関わったライトパブリシティの若い子たちが喜んで取り組んで、それでみるみる成長していく姿を目の当たりにしたこと。そうだ、これこそが「プロボノ」の真の意義なんだと実感できたわけ。

街の人たちの久しぶりに見る笑顔にも感動したし、自分たちが持っている職能・技術をこういう形で提供できたという達成感も感じたけれど、何より、関わったライトの若者たちがプロボノを体験して、一回りも二回りも大きくなっていく姿には目を見張ったよ。そういう個々の成長は、われわれの本業にもつながっていくしね。

で、このプロボノの経験って、山口くんもよく書いている「利他」「贈与」「コモン」ということにも通底しているなと、後から少しずつ気づいていった。そこで、山口くんにこの部分のお話をうかがいたいというのが、この対談の主旨です。

山口　プロボノを通じて若い人が成長したということですが、ここで杉山さんがおっしゃっている「成長」って、どういう方向の成長なんですか？　スキルの話じゃないんですよね？

杉山　スキルというより、なかなか数値化できない自信とか、いい意味での自負の部分かな。あと、われわれは直接、ものを売っているわけではないから、お客さんのリアルな喜びに接することがない。「賞」という褒められる仕組みはあっても、基本、メディアを通しての反応しかわからない。なので、普段歩いている街の店先で「ありがとう」とか「勇気をもらった」とかいってもらえて、フィジカルな反応を受けることがすごく重要だと思った。

　加えて、それこそ資本主義の話になっちゃうけれど、何もかもを商品化される世界で、僕たちの時間もお金に換算されてしまう。ところが、無償のプロボノが時間をお金から解放してくれて、自分の時間が手に入る。そこで、自分なりのデザインやコピーなど、新しい表現ができる。そうすると、結果的には技術もぐっと上がるよね。

まあ、僕から見ると、イニシエーションを終えた少年が大人になったというような実感を得られたことが一番嬉しかったかな。

伝えるべきものを伝えることができる喜び

山口　今回の杉山さんの本って、広告が担える希望についてのお話だと思うんです。広告は伝える側の伝える技術だけで成立しうるものではないと、僕は思っています。今、広告はあまり元気がないといわれているけれど、それはなぜなのか？　あらためて振り返ってみると、日本がすごく元気だった時代、広告がすごく元気だった時代というのは、伝える技術を持っている人がいる、という以前に「伝えるべき何か」を持っている人がいたというのが重要だと思うんです。広告が元気になるためには「伝える技術を持っている人」と「伝えるべき何かを持っている人」が出会わなくてはならない。ライトの若い子がプロボノによって、エネルギーが充填されたというのは、「伝えるべき何か」を伝えることができた、広告が担える希望を再確認できたということも大きいのではないでしょうか。

伝えるべき何かというのは、広告会社は作れないですよね？　伝えるべき何かを持っている人がいて、一方で、それを伝えてほしいという人もいる。世の中がそういう状況にないと、いくら伝える技術を持っている人がいても、うまく機能しない。ここに広告会社のジレンマがあると思います。僕も電通にいたときに「この広告、本当に世の中に出しちゃうの?」という経験を何度もしていますからね。

杉山　多いよね（笑）。

山口　広告に限らず、すべてのビジネスは時間の経過とともに無意味化する宿命を負っていると思うんですね。たとえば高度経済成長の時代であれば、それまで真冬の寒い日に手を悴《かじか》ませながらタライで洗濯していた人に対して「これからは電気洗濯機で洗濯できるようになりますよ」と伝える仕事に、人は大きな意味を感じていたと思います。それに対して、今みたいに本質的な問題解決にならないような商品が増えてくると、そこに携わっている人の精神を健康な状態に保つのはとても難しいと思います。この問題は今になってものすごく大きくなっていますけれど、昔から存在しています。

たとえば、杉山登志さんなんかも、精神が崩壊する寸前のギリギリのところでＣＭ制作をやられていたと思うんです。大量生産、大量消費社会の中で、あってもなくてもどうでもいい、むしろないほうがいいようなものを世の中に押し込むためのお先棒を担いでいることに対して自己破綻《はたん》を感じていたと思うんですよ。

話を戻すと、「伝える技術を持っている人」は、「伝えるべき何か」に飢えていると思うんです。広告やデザインに関わる経営者の仕事は、その「伝えるべき何か」を持っている人を見つけてきて、それを「伝える技術を持っている人」に回してあげることじゃないかと思うんです。杉山さんがプロボノでやられたのは、たぶんそれだと思うんですよね。

杉山　広告にお金を払っているのはクライアントで、広告を作っているのはわれわれだけれど、世の中に出た瞬間に広告は公共物に変わる。公共物によって、たとえば子供がいやな気持ちになったり、乱暴な気持ちになったりするのは非常にまずい。そんな広告は出さないようにしようと、口酸っぱく話しています。

だから、クライアントがチェックしてＯＫを出した広告でもダメ出しをすることがある。「ダメ。これは外には出せない」というと、びっくりするわけだよ。

山口　クライアントがＯＫといっているのに？と。

杉山　でも、いかにダメかを説明して、やり直せというと、最初はびっくりするけれど、むしろ喜ぶよね。クライアントに縛られている状態から少し解放されて、「そうか、もっとやっていいんだ」となる。

先ほどの、時間すら商品にされている世の中で、自分の時間というものがあるんだって気づかせるのと一緒でさ。クライアントはＯＫだけれど「それはダメなんだよ」ということで、縮こまっている心が少し開くじゃない。開かれた状態でこそ、人は幸せや喜びを感じるから、そういうふうにしてあげる。心が萎縮して固まってしまうと、何が何だか自分でもわからなくなっちゃうから。

プロ化の危険性、アマチュアイズムの重要性

山口　杉山さんは、四〇過ぎまで、広告の仕事にある種の戸惑いを持たれていたというか、ど真ん中にいる感じがしなかったと、どこかでおっしゃっていましたよね。でも側から見ていると、ずっとど真ん中で仕事をしてこられたように見えますよね。だって入社数年で「ピッカピカの一年生」をやられたわけですから。

杉山　うん、数年経ってなかったね。

山口　そうですよね。だけど四〇歳になるまで、据わりの悪さみたいなことを感じられていた。一方、今の若い子が、入ってすぐに広告業界の人しか知らないようなジャーゴン（専門

用語）を使ってイキがっているのを見て、ダメだと思うとも書かれていた。

表現が難しいんですけれど、仕事って時間が経てば経つほど枠組みがかっちりできあがって不自由になっていきますよね。たとえば、杉山さんがラジオＣＭを始められた頃って、コピーライターやＣＭプランナーっていう職種は存在していたんですか？

杉山　コピーライターという言葉はあったけれど、ＣＭプランナーはなかった。コピーライターは、広告代理店の中でもちょっとインテリで、本来は小説や詩を書きたいという雰囲気を醸している人たちだったのね。だからラジオやテレビのコピーは書いてくれない。新聞や雑誌など紙媒体専門。テレビのコピーみたいにダジャレをかましたりする、インテリジェンスの対極にあるような仕事はしない。だから「ピッカピカ」も「セブンイレブンいい気分」も、コピーライターがやってくれないから、仕方なく自分でこさえたんだよ。

山口　なるほど。今回の杉山さんの原稿を読んで、「プロ化の危険性」みたいなことを感じたんです。

今だったら、たとえば「ＣＭプランナーの仕事はここまで、ここから先はアートの仕事」とかって分かれていますよね。でも本来、広告やコミュニケーションの仕事って、ＣＭプランナーがアートの仕事をやったって構わないはずです。佐藤雅彦さんなんてまさにそうでしたよね。全部自分でやっちゃう。みんなアイデンティティが曖昧な状況は怖いので自分を何らかの職種で名付けたがる、つまり「プロ化」したがるわけですが、「名付け」というのは非常に危険ですよね。自分の職種を手垢のついた言葉で名付けてしまうことで思考の可動域も行動の可動域も両方狭めてしまう恐れがある。

　杉山さんの今回の原稿やこれまでのご著書を読んでいると、いい意味でアマチュアイズムがあると感じます。

杉山　アマチュアとはプロになれない人をいうのではなくて、プロになりたくない人のことをいうんだ。話が錯綜しちゃうかもしれないけれど、アマチュアといっても素人ではないのよ。プロのアマチュアなんだね（笑）。

山口　そうそう。

杉山　僕はそれがすごくいいと思っている。良くないのは「えせプロ」。

山口　素人なのに言葉や振る舞いはプロみたいな感じ、プロのアマチュアか（笑）。

杉山　これはもう複雑だと思う。たとえば、寿司屋に行ってガリくれとか、ムラサキとかギヨクって言うの、昔の寿司職人は本気で怒ったのよ。「素人がそんな隠語を使うんじゃねぇ」って。横で若い子が、こういう隠語というか符《ふ》牒《ちょう》を使っているのは聞くと、こっちが恥ずかしくなってしまう。ちゃんと「ショウガ」といえ、「お醤油」といえ、「卵」といえ、何が「ギョク」だ、みたいな（笑）。そういう行儀を弁《わきま》えないのが「えせプロ」でしょ（笑）。

知らないことが武器になる——ネガティブ・アドバンテージ

山口　最近、市場調査とかマーケティングが破綻してきていると思うんですよ。方法論として無効化されている。僕も電通時代に散々やりましたけれど。

今、存在感がある会社って二〇世紀のマーケティングのセオリーからすると説明がつかないようなことをやっていると思うんです。たとえばテスラという会社がありますね。テスラは二〇〇三年創業で、当時から「化石燃料依存を終わらせる」というビジョンを掲げて電気自動車をやるといっていました。でも、あの当時に市場調査をやっても、電気自動車に対するニーズなんて、絶対に出てこないはずなんですね。だからそれで資金調達しようとしても、誰も投資しなかったんで、イーロン・マスクは自分のお金で始めたわけです。

同じようなことがグーグルにもいえます。彼らは、創業当初から「世界中の情報を整理して誰もがアクセスできるようにする」といっていたけれど、そんなのは本当に余計なお世話で、市場調査をやっても絶対に出てこないニーズですよね。だからグーグルって、最初の資金調達に成功するまでに三五〇回断られているんです。当然ですよね。だって、当時ヤフーやインフォシークなど検索エンジンはたくさんあって、それなりに便利で、みんな満足して使っていたわけですよ。

「顧客のペインをつかめ」とか、「市場のニーズの大きさを把握しろ」とかいう、教科書に書かれているようなマーケティング的なセオリーからいったら、「世界中の情報を整理し尽くします」なんて「いや、それ、誰が困ってんの?」という話ですよね（笑）。ただ、結果的に見ると、顧客のペインをちゃんとつかんでスタートした事業って、そんなに大きくなってないんですね。

杉山　グーグルの「世界の知の、再構成を目指す」という概念には、かっこいいこといい出すなぁと思った。あのスタンフォード大の美術館でのグーグルのパーティー「時代精神（ツァイトガイスト）」に参加した、今振り返るとめずらしい日本人なんだよ、僕はね。

山口　創業当初のグーグルはとてもエレガントに見えましたね。彼らはインターネットの検索エンジンというのは一種の権力だと思っているわけですね。テクノクラートとして、どういう情報を出して、どういう情報を出さないかという操作ができますから。しかし本来、より多くの人たちからいい情報だといわれている情報ほど、いい情報のはずです。そこで彼らは、他のページから張られているリンクの数が多ければ多いほど価値の高い情報だと考えた。内側で動いているロジックや考え方は非常にエレガントだと思うんですが、ベンチャーキャピタルから見たときには「何をしたいんだ、君たちは」「どういうマーケットのニーズがあるのか」となる。

しかも、当時のインターネットの常識からしたら、人が集まるゲートのところには、バナーを貼ったり、レクタングルを置いたり、いろいろな広告を載っけるのが当たり前でした。ところが、グーグルの入り口のページには何にもない。この人たちはいったい何を考えているんだろうって、思われたはずです。

これ、何の話をしていたかというと、マーケティングの手段やスキルを知らないことがアドバンテージになっている、ということなんです。こういうことが二一世紀に入っていろんなところで起こっていると思うんです。「知らない」「スキルがない」ということが競争優位の形成につながっている。このことを僕は「ネガティブ・アドバンテージ」といっています。逆にいうと「ポジティブ・ディスアドバンテージ」でしょうか。このように、知っていることそのものが、ディスアドバンテージになる時代がやってきたような気がしています。

ＧＡＦＡの創業者の平均年齢って二四歳ですからね。フェイスブックのマーク・ザッカーバーグが一九歳、アップルのスティーブ・ジョブズが二一歳、グーグルのセルゲイ・ブリンとラリー・ペイジが二五歳、で、ジェフ・ベゾスが一番歳食ってて三一歳です。

杉山 ビル・ゲイツはもっと若いんだよな。

山口 ビル・ゲイツは一九歳です。だからＧＡＦＡＭとして、Ｍ（マイクロソフト）を入れると、平均年齢は二三歳になります。二三歳ということは日本の会社でいうと新入社員ということです。つまり、今の状況をありていに説明すれば、新入社員の作った会社が世界中で五〇～六〇代のベテランが経営する会社をブンブン振り回している、ということなんです。

一方で、現実がこういう状況であるにもかかわらず、日本の会社の人事制度運用は昭和のときから変わらず、新卒一括採用で採用された二三歳の若者たちは非管理職等級の一番下に無条件に組み入れられてコピーを取ったり議事録を取ったりという仕事をさせられて過ごしています。二〇代というのは本来、最も爆発的なアイデアを出す能力を持った年代層なんですけれど、そういう年代の人に、上の世代の人がやってきた仕事のやり方、その前提になるものの考え方を一生懸命インストールしようとしているわけです。

今、いわゆるユニコーンといわれる企業の創業者の創業時の年齢を調べてみると、二〇代の後半から三〇代の前半にピークが来ます。これ、面白いのがほぼ明治維新で活躍した人物の年齢構成と同じなんですよ。たとえば坂本龍馬が新国家の草案である「船中八策」を書いたとされるのは三〇歳のときです。同じタイミングで伊藤博文や陸奥《むつ》宗光《むねみつ》はまだ二〇代です。最も歳を食っているのが勝海舟とかでこれが四〇代の前半。彼らも完全なネガティブ・アドバンテージの保有者たちです。行政を担ったような経験はまったくない、完全なアマチュアですからね。

つまらない広告だからクレームが来る

山口　杉山さんの原稿、他にも面白い言葉がいっぱいありますね。クレームが来る広告の共通項は何かといったら、とにかくつまらない、共感できないと。

杉山　島根で行われた、いわゆる全広連的な、テレビの大会だったかな。各テレビ局がみんな集まってくるようなのね。主旨は、最近炎上やクレームを恐れてテレビコマーシャルが萎縮しているから、この問題を取り上げてスピーチしてくれといわれたの。重たいなぁ、困ったなぁと。

でも待てよと。パッと気づいたのは、差別的な内容以前に面白くないこと。「皆さん、見てください。どれ一つ取っても面白くないでしょ。面白くないとき人は何をするかというと、難癖をつけたくなるんです」と。「もちろん、内容的な問題も孕《はら》んでいるんだけど、面白くないということが大きな問題なんだよ」と。そうしたら、「そんなことをいった人は初めてです。でも腑に落ちました」といってもらえた。

山口　すごくハッとする指摘だったと思うんですよね。

杉山　これはクライアントの問題もあるけれど、どちらかというと、そこに甘んじてしまう作り手、間に入っている代理店の問題だよね。さらに大きな問題は、作り手や代理店が、その広告が面白くないことに気づいていない可能性もあるところ。

僕はこれだけ長くやっているからさ、「あいつはコマーシャルで作品を作っている」と謂れのない批判をされた時期がけっこうあるんだよ（笑）。

山口　まあ、よくわかります（笑）。

杉山　でも、こういうものが出たら面白いよな、こういうものが出ればこの商品に共感するよな、というＣＭしか作らなかったんだよね。自分の中にちゃんとマーケティングが潜んでいるんだ。

「ＰＯＰＥＹＥ」を作り、「ＢＲＵＴＵＳ」を作ったマガジンハウスの木滑良久さんは、「自分の中のマーケティングを信じなさい」という言葉を強くいっていた。僕は広告も同じだと思う。やっぱり、自分が面白かったり感動したりするものは、きっとみんなも同じように感動してくれるはずだと思って作らないとね。

残らないものを使って、残るものを作る

山口　電通時代、先輩と酒を飲んでいるときに、広告という仕事が本来的に持つある種のむなしさに対するニヒリスティックな自虐をいわれたことがあります。「俺たちの仕事は所詮残らないから」と。そのときには、まあ、そりゃそうだよなと思ったんですね。「クライアントの商品は残す。でも広告はキャンペーンが終わったら消えていく。それでいいと思わないといけない」って。

でもね、一〇年ほど前に気づいたんですけれど、商品は消えていっているのに、残っている広告はたくさんあるんですね。

それは主に二つのレイヤーがあって、一つはわかりやすくいうと、表現物のフォーマット

の考え方といったものです。そういう思考ってずっと残るんですよ。

たとえば「ピッカピカの一年生」のフォーマット。あの時期に、フィルムを使わずビデオを使って全国を行脚する。CM制作予算が潤沢になくても撮れる。加えて、あのCMがすぐれているのは、コンテンツがある意味自動生成されること。情報を扱う仕事で何が難しいかというと「情報は変わらない」ということですよね。だからハムラビ法典や旧約聖書は何千年も前の情報なのに今でも当時と同じ内容で読めるわけです。ところが人は変わらないものに惹きつけられないので、これを人為的に変えようとする。そこにいろんな労力やコストがかかるわけですけれど、「ピッカピカの一年生」のフォーマットを使うとそれがとても効率的にできる。毎年1年生の子供が新たに出てくるし地域差もある。こういうフォーマットのアイデア、思考の切り口というのは残り続けるわけです。

杉山　先ほど、僕が若い頃のコピーライターは文学志向が強いといったよね。彼らはどれだけ魅力的な形容詞を作れるかとか、どれだけ修飾語を知っているかという部分で競っていた。そういう世界も嫌いではないけれど、僕はクリエイティブの枠組みを作ることが、すごく面白いと思っていた。だから「セブンイレブン、いい気分。あいててよかった！」というフレーミングを作るのもクリエイティブだと思ったし、「ピッカピカの一年生」についても、今、自動生成といってくれたけど、そのあと後輩たちが何人も代わって、二〇年近く続けてくれたし、今また復活しているしね。

山口　そうですよね。ただ、表面的なレベルでの踏襲に留まっていて、自分の教え方を伝えきれなかった、足りなかったんじゃないかとおっしゃっていましたけれど。

杉山　そう。あれはかわいい素朴な子供が出てくるCMじゃなくてアンファン・テリブルのCMです。そこをきちんと後輩たちに説明しなかった。反省してるんだよ、実はね。

山口　そこを思想として受け取ったのは、佐藤雅彦さんだったと思うんですよね。あの人は天才なんで。

杉山　そう、彼は二年間、僕の下にいてさっさと出ていった（笑）。佐藤雅彦といえば、当時僕は彼をまーちゃんと呼んでいたんだけれど、SP局からの異動でクリエイティブ局に天才がやって来る、さて誰が面倒見るんだとちょっとした騒ぎになっていて、結局僕に白羽の矢が立った。扱いの面倒そうな若者はこうしていつも僕にあてがわれていて、今だったら軽いいじめ（笑）。そして初日にまーちゃんに、僕はこういったんだよ。「君はこれからすべて初めてのことをするんだね、羨ましい！」と。映画でも本でも、えっ、まだ観てないの、読んでないの！　じゃこれから「初めて」なんだ、ああ羨ましい！　彼はとても賢いからこの言葉の意味することをすぐに察知して、瞬《またた》く間に、臆することなく自分のやり方で進んでいった。結果は皆さん知っての通り、大スター誕生だ。

山口　まさにネガティブ・アドバンテージですね。「作り方を作る」と、佐藤さんはずっといっています。表現物のフォーマットの思考を受け取られていたわけですね。それを彼は慶應や藝大で教えたりして、拡大再生産されています。

杉山　それが一つ目ね。

山口　はい。で、二つ目は非常に単純な話で、表現物として残る。たとえば石岡瑛子さんの表現とか、坂本龍一さんの作ったパルコのＣＭ音楽とかですね。異論はあると思うんですけれど、僕にとって坂本龍一さんの最高傑作は、一連のパルコのＣＭの音楽なんです。

杉山　なるほど。

山口　もちろん、今でも素晴らしい曲を書かれていて、それぞれの時代ならではの素晴らしい表現があります。今は枯淡の味わいみたいな感じになってきていますね。

杉山　そういう意味では、今、残りそうなものあるかなぁ。

山口　そうです。だから、残るものと残らないものの関係性の認識を、アップデートする必要があると思っています。

「あらゆる職業はパブリックサービスである」というチョン・モンジュンの言葉を引かれていましたよね。

杉山　うん。国際社会で生きている人はこういうふうにものを考えるんだと思ってさ、かっこいいし、脱帽、スマートだよね。

山口　これは非常に勇気を与える言葉だと思います。

杉山　こんな人と二〇〇二年ワールドカップの招致を争っても勝てそうもないなと一瞬に思ったよ。知的レベルが違いすぎる（笑）。

山口　いやいや、負けてないと思いますけれど。

広告のような一種の情報を世の中に出す仕事は、一歩間違えると暴力になると僕は思っています。残らないものを使って、残るものを作っていく。残らないものというと、クライアントに対して失礼なんですが（笑）、商品は必ずいつか消えていくけれど、その情報を世の中に出したことで起こった変化というのは、取り返しがつかない、不可逆な変化を世の中に起こしてしまう。先ほど杉山さんが、子供に悪影響を与えるようなものを作るなとおっしゃっていましたが、本当にその通りだと思います。だから、広告に関わっている人は、そこはあまりシラケないでほしいなと。

僕もずいぶんと、広告に教育されたという感覚があります。サントリーローヤルの「ランボー」もそうですし、ローヤルではマーラーの「大地の歌」も使っていましたよね？　あのとき、マーラーってまだあまり聴かれていなかったような……。

杉山　そう。あれでマーラーがけっこうブームになって、レコード屋さんのいい場所に置かれるようになったし、同じくローヤルのガウディ編を見て、バルセロナへの旅行客がどばっと増えたといわれた。

山口　今見ても、ナレーション*を含めて、何かとてつもないものを見てしまったという感覚があります。

＊コピーは長沢岳夫さん。

中国の広告の難しさ

山口　「『中国の美』ブランド腐心　商品広告巡るＳＮＳ炎上、中国で相次ぐ」（日本経済新聞、二〇二二年三月一三日）という記事で読んだのですが、中国では今、コミュニケーションが腫れ物に触るような状況になっていますね。

ある中国企業が、一重まぶたで目のつり上がった中国人のモデルをポスターに起用したら大炎上してしまった。いわゆる中国的な美というものを賞揚したつもりだったのに、中国へのステロタイプな偏見だと捉えられてしまったんです。中国の消費者向けに中国人のモデルを使って中国人が制作したにもかかわらず。

　今中国では、中国人を賞揚するつもりで中国的なコンテンツを使うと「馬鹿にしてるのか」といわれ、西洋人を使うと「中国人は醜いから西洋人しか使えないということか」といわれて、もうどうしようもないと。

杉山　そういう困難って、広告に一番現れちゃうよね。広告は表現だけれど、ビジネスだからです。

山口　これがアートだったら、表現の自由ということで、最後は防御壁を張れるんですけれどね。不買運動とかを起こされると折れるしかない。記事に書かれていたのは、そういうことを積極的に見つけて攻撃して炎上させて落城させるということをやっているのは、中国の中でも二〇〇万人ぐらいの、ごく一部の人たちなんだそうですね。一〇億人以上の中の二〇〇万人なので、もう極めてエクストリームな、ある意味で変わった人たちなんだけれども、ＳＮＳで集中攻撃をされてしまうと、ブランドとしては無視するわけにもいかないと。

今後、日本が中国のようになるかはわかりませんが、先ほど杉山さんがおっしゃった通り、何らかのテクニックやフォーマットに安易に乗っかったり、則ったりした表現物ではなく、本質的な意味でクオリティの高いものを作って、「あっ、いいものを見ちゃった」と思わせるレベルまで持っていく必要があると感じます。今は、すごくハードルが高くなっていますよね。

杉山さんはフォレスト・ガンプ？

山口　杉山さんを見ていると、素敵な物事に本能的に身を寄せていく、ある種の動物的な嗅覚というか、本能があるような気がします。たとえば一九六八〜六九年にパリに行かれているでしょう。あの前後五〇年間で、いつパリで一年を過ごすのがベストかといえば、たぶんあの年なんですよ。

杉山　もう編集長を卒業したけれど、「BRUTUS」の西田善太がね、恒太郎さんの話を聞いていると、あまりにもいろいろな場所にそのときにいたから、最初、少し眉唾だと思ったと（笑）。

山口　しかるべきタイミングに、しかるべき場所にいる、というのは「人生の達人」の共通要件だという気がしますね。たとえばチャーチルは一九二九年一〇月二四日、まさに世界恐慌がニューヨークで発生したその瞬間に、ニューヨーク証券取引所を訪れています。アンディ・ウォーホルはインタビュアーから「成功の秘訣は？」と聞かれて「しかるべきタイミングに、しかるべき場所にいること」と答えています。杉山さん、浮谷東次郎の伝説のレースも見てるでしょ（笑）。

杉山　そう。浮谷東次郎と生沢徹のデッドヒートって、たぶんいまだに日本最高のレースだと思うけれど。船橋サーキットでね。そういう話をしてたら、最後、「フォレスト・ガンプ」といわれ出したの（笑）。

山口　ビートルズも見に行ってました？

杉山　ビートルズは行っていない。ストーンズに義理立てしてした（笑）。見逃すこともあるんだよ。ロンドンでクリームは聴いているけどね。生クリームかって、よくいわれるんだ（笑）。

山口　決定的な場所に決定的なタイミングでいるという。それ、どうやったらできるんですか？

杉山　偶然だね。

山口　偶然なんですか？

杉山　三島由紀夫の割腹自殺のときは、正面の小さなビルの屋上でずっと見てたの。あれも偶然なんだよね。

山口　ヨーロッパから帰ってきてすぐですよね、一九七〇年だから。

杉山　お金がないから、三島由紀夫の初版本を学芸大の古本屋に売りに行ったの。そうしたらそこでラジオからニュースが流れて、友達と二人で、ものすごい勢いで駆けて市谷まで行って、正面のビルの上までダーッと駆け上がって、ジーッと見てた。そのあとは、あの辺りには立ち入れなかったよね。

山口　やはり運が大事ということなのかなあ。杉山さんご本人からすれば「俺もいろいろつらいこともあった」といいたいと思うんですけれど、人生ゲームでサイコロを振ったら六が出たと、次もまた六が出たというふうに、側から見ているといいことしか起きない感じに見えますね（笑）。

杉山　そう見ていただけるのはありがたいことだけどね（笑）。

本物の嘘をつけ

山口　うーん、でも「秘訣は何ですか？」「運だよ」で済んじゃうと途方に暮れるしかないので、もう少し踏み込んで考えてみるとですね、いろいろないいものをたくさん見てきているので嗅覚が上がる、というのはあるんじゃないですか？　そうすると、またいいものを見つけて、味わうことができる。その繰り返しではないのかな、と。これは食事や旅行、場合によっては異性関係もそうだと思うんですが、いいものだけを見続けると、鼻が利くようになる。

　村上春樹さんが「村上さんのところ」という人生相談みたいなコーナーをやられていて、そこに面白い回答があったんです。

「小説は何の役に立つんですか」というような質問に対して、村上さんはこう答えます。

「小説の優れた点は、読んでいるうちに、『嘘を検証する能力』が身についてくることです。小説というのはもともとが嘘の集積みたいなものですから、長いあいだ小説を読んでいると、何が実のない嘘で、何が実のある嘘であるかを見分ける能力が自然に身についてきます。これはなかなか役に立ちます。実のある嘘には、目に見える真実以上の真実が含まれていますから」

煙《けむ》に巻くような回答なんですけれど、なんとなくわかります。

人の心をつかむ本物の嘘がどういうものか本能的につかめるようになると、偽物が来たときに弾き返せるようになるし、人の心を打つ本物を自分でも作れるようになる。それはとても有用なことなんですよ、と。さすが村上春樹さんはいいことをおっしゃるなと思ったんですね。

杉山　野口整体の野口晴哉に『躾の時期』って本があって、僕、後輩たちに子供が生まれるといつもそれを贈ってあげていた。いくつもすごい箴言《しんげん》があるんだけれど、その中に「嘘の中には新しい智恵がある。豊富な空想がある」というのがある。まさにクリエイティブの基本（笑）。子供が嘘をついたときに、ワーッて叱ったら、そこで終わっちゃう。想像力の羽根は二度と生えてこず、じゃない？

山口　本物の嘘をつけって（笑）。

杉山　おまえも嘘つきが始まったな。だったら本物の嘘つきになれよと（笑）。

山口　クリエイションには想像力がいりますからね。

杉山　そう。クリエイティブは嘘だからね。こういうと勘違いされて、「杉山さんがそんなずるい人と思いませんでした」なんて真っ直ぐにいわれて、「おまえ、そんな幼稚なこというなよ」って（笑）。どれだけ上手に良質な嘘がつけるかが大事なんだけれど、なかなか通じなくて、マジ叱責を受けることがあるんだ。つらいぜ、そういうときは。

絵が好きな子供だった

山口　杉山さんは、高校では熱血サッカー少年だったということですけれど、子供のときから映画や小説、絵や音楽などの表現物はお好きだったんですか？

杉山　僕はずっと絵を描いていた。小学校の頃もわんぱくだったけれど、絵を描き出すと何時間も黙って描いていたので、母親が「絵を描いているときのおまえが一番好きだ」っていってたな（笑）。アトリエみたいなところにも通っていたし。ただ、中学受験をすることになって、そういう生活は終わったね。成績はそこそこ良かったと思うけれど、父親が僕のことをよくわかっていて、「こいつに厳しい競争の世界は無理だ」ということで、大学付属の立教中学に進みました。絵や音楽はずっと好きだったけどね。

山口　お父様かお母様にそういうご趣味があったんですか？

杉山　父親は比較的そういう人だったね。

山口　いろいろ書かれたものを読むと、杉山さんのお父様って、けっこうリベラルですよね？

杉山　そう。僕の名前の「恒太郎」は、高村光太郎から付けられたの。で、杉山家の長男は代々「恒」を使うので「恒太郎」。ちなみに父親は恒夫《つねお》です。京都に行けば河井寛次郎のアトリエに連れて行かれたし、オーディオセットもかなり早くから自宅にあった。僕が最初に買ったレコードはプレスリーの七八回転の「ハウンドドッグ」か「ジェイルハウスロック」のどっちかだったなぁ。それをかけたら、父親からは「うるさい！」と一喝（笑）。父親はクラシックばっかり聴いていたからね。

山口　電通に行こうと思ったのは何でなんですか？

杉山　まず、毎日背広を着て会社に通うサラリーマンはいやだなと思っていたら、「背広を着なくてもサラリーマンになれるよ」って先輩が教えてくれた。それが電通のことで、幸い父親のコネもあって、入れたんだと思う。

クリエイティブに配属されて、当時は築地本社の脇にあったビルに出社していた。確かにみんな背広を着ずに、いい加減な格好をしていた。最初のうちは仕事がまったくないから、だんだんいい気になって、朝、出社して、昼過ぎには（ホテル）オークラのプールで泳いでいたんだよ（笑）。

山口　ふざけてますね（笑）。

杉山　人はどんどんいい気になるからね（笑）。ある日ビーサンで出社して局長室に呼び出し食らってめちゃくちゃ怒られた。

山口　まあ、そのあとプールに行くわけですから、ビーサンがいいですよね（笑）。

杉山　その話がなぜかどこからか母親に伝わり、相当の歳になっても「おまえ、まさかサンダルで会社に行っていないだろうね」って疑われていた（笑）。まあ、そのくらい当時の会社は牧歌的だったんだよね。

東京オリンピックの衝撃

杉山　話が前後するけれど、僕が一六歳のときに東京オリンピックがあって、ライトパブリシティが作った一〇〇メートルダッシュのポスターがあるじゃない？　あのポスターを見て、そうか、こういうものは人が作るんだと気づき、それがこの世界に入るきっかけの一つでもあってね。

山口　わかります、わかります。

杉山　だからここ（ライトパブリシティ）に声をかけてもらったとき、本当に運命を感じた。実は電通時代、ライトとは一度も仕事をしたことはなかった。もちろん、老舗の名門で、あのポスターを作った会社だということはよく知っていたけれど、むしろライバルだと思っていた。

オリンピック絡みでいえば、多くの人が書いているけれど、あの閉会式の様子に、当時の一六歳がどれだけ影響を受けたか。開会式では、みんなしっかり隊列を組んで入場してきたじゃない？　それが閉会式では、外国の選手がバラバラに出てきたのを見て、びっくりした。それにつられて日本人もバラバラに出てきて、ああ、世界ってこういうものなんだ！　好きに生きていっていいんだと気づいたんだ。それがビーサンにつながったかどうかは別だけどさ（笑）。もうショックというか、どれだけ勇気づけられたか。

僕はこれまでずっと与えられてきたばかりの人生だから、与えるほうの人生に変わらないと、いい大人にはなれないんだなと思った原点の一つかな。僕という人間をめちゃくちゃ解放させてくれた出来事であり、今に至る生き方の原点だね。

山口　それはテレビで見たんですか。

杉山　うん。

山口　さすがに、そのときは行ってなかったんですね（笑）。

杉山　あの伝説のアルゼンチン戦は駒沢でリアルで見てますよ。あの川淵（三郎）さんがヘディングで決めたゲーム。日本が勝ってアルゼンチンの選手があまりのショックで芝生にうずくまって皆泣いていた。

東京オリンピックのポスター　提供：L'EQUIPE／アフロ

山口　亀倉雄策さんのあのポスターというのは、僕は生まれる前なので、後から見たわけですけど、子供心によく覚えています。あの真っ黒の背景。

杉山　あれは当時、深夜に撮影しているんだよ。黒バックというのがアイデアとしてすごいんだよね。

山口　強烈な印象がありますよね。

杉山　当時、東京で揃うストロボを全部集めたみたい。カメラマンが早崎治で、アシスタントが二人いて、二〇〇枚ぐらい撮った。その中で、全員が重ならなかった、たった一枚の奇跡的な写真なんですよ。しかも、一八回目のオリンピックにして、なんと初めて写真を使ったポスター。一七回目までは全部イラストだった。写真は、当時の先端メディアだったんだね。そういう意味でも、世界を驚かしたポスターだよね。

山口　先ほど、残るものと残らないものという話をしましたが、あのポスターもいろいろなものを残しましたよね。

プロボノ・エコノミーの成立

山口　話をプロボノに戻すと、きっかけは「日本紛争予防センター」の仕事ですよね？

杉山　そう。旧知の元新聞社の役員さんに、代表の瀬谷ルミ子さんを紹介された。その元役員さんが、彼女を連れて、そういうことに関心の深い企業に寄付を募りに行くんだけれど、「日本紛争予防センター」という名刺を見た瞬間に、さすがにちょっと引かれてしまうと。だから、相手がビクつかないようなネーミングにしてほしいというのが、最初の依頼だった。

その瀬谷さんが、打ち合わせが始まってから三ヶ月ぐらい会えなくなって、「どこに行ってたの?」と聞いたら「ソマリアに行っていました」と写真を見せられた。こういう人が本当にいるんだと驚愕したね。だからお役に立てるならと思って、即お引き受けしました。

その彼女が、会話の中で普通に「プロボノ」という言葉を使う。ボランティアの一種であることは文脈からわかったし、彼女のいる世界では当たり前に流通している言葉であることにも気づいた。

プロボノは、われわれが培ってきたスキルや経験値、才能を、ときに人のためにコモンズ（共有財産）にすることかなと思った。デザインもプロボノという解釈でやるとわかりやすい。ボランティアで無償でやりますというよりも、プロボノといったほうが仕事の延長だし、違和感がないというか。だから、もちろん時間を費やすことになるけれど、喜んでできるんだよね。

山口　先ほどおっしゃられていましたけれど、全部がお金に換算されて取り引きされるようになると、すごく窮屈になるということですよね。

いろいろなところで僕はいっていますけれど、仕事の報酬って別にお金だけじゃない。相手が喜んでいる顔や、人と知り合いになれたということも報酬になる。

ヤフーの安宅和人さんの「風の谷プロジェクト」も紹介されていましたよね。コロナの影響でこの先、兼業とかパラレルワークがすごく増えてくる。要するに物理的な場を共有していない人とも仕事ができるインフラが整ってきているわけです。で、ヤフーさんが数年前に、他社に勤めながらヤフーのプロジェクトを手伝ってくれる兼業社員を募集しますというプロジェクトを始めた。おおお、さすがと思っていたんですが、気になったのは報酬額が月に五万円と、とても少なかったんですね。僕はヤフーの人事の本間浩輔さんと仲がいいので、「これ、本気でやるつもりがあるんだったら、もうちょっと出さないと厳しいんじゃないの」という話をしたら、「いや、むしろお金が欲しくて来るような人はいらない。この人と知り合いになりたいとか、このプロジェクトだったらやりがいがあるとか、金銭以外の報酬で人がどれくらい動くのかというのを見たいんだ」という。

なるほどと思ったのが、安宅さんのプロジェクトには普通に雇おうとしたら数千万単位の年収を払わないと来てくれない人が、大挙して応募してきたらしいんですね。それはそうですよね、安宅さんがプロジェクトリーダーで、その安宅さんと一緒にメンバーとして働けるわけですから。

ヤフーの兼業社員は別にプロボノというわけではなく、幾ばくかのお金は出るんですが、やはりみんな、お金の取り引きだけではない仕事の機会に飢えていると思います。

そうすると、プロボノ・エコノミーみたいなものが成立するのではないかなと。

『ビジネスの未来』でも書いたことですが、Ｌｉｎｕｘというオープンソースで作られたパソコンのＯＳがあります。今はアンドロイドのスマホにはすべて入っている、巨大なＯＳになっています。一説によると、延べ人数換算で二万人の世界中の一流プログラマーが無償で参加して作られたそうです。

実はこれは完璧なプロボノなんですよね。そういう文脈で語られないんですが、全員一円の報酬ももらっていない。そういう方法で、マイクロソフトのウインドウズと並び立つようなＯＳを作ったわけですよね。

こういうことがやりやすくなっている世の中なので、杉山さんがやられた「おかえりＧＩＮＺＡ」――伝えるに足るものを持っている人に伝える技術を持っている人をつなげて、彼らにお金で換算される世界ではない踊り場を作ってあげたこと――に引きつけていうと、「この問題解決したい人、この指止まれ」をできる人が、この先、社会の潤滑油になっていくだろうという気がしています。

一応みんな会社勤めをしていて、それで食っている。でもそれだけだと窮屈で世知辛い。

だから、こっちを手伝い、そのつながりであっちも手伝いというふうに、二つ、三つのプロジェクトを掛け持ちするようになると、すごくみずみずしい社会になっていくのではないかと思いますね。

大資本からの搾取

山口　先ほどのＬｉｎｕｘって、きつい言い方をすると、ある種の搾取なんですよ。何が搾取されているかというと、大企業が搾取されているんです。Ｌｉｎｕｘの開発に加わっていたエースのハッカーたちは、実際にはマイクロソフトや、当時のシリコングラフィックスで働いている人たちなので、大企業が搾取されるというけっこう痛快な構図があったんですね。

　だから、やりがいのあるプロボノのプロジェクトを立ち上げると、世界中からどんどん才能が集まってくる可能性がある。そのうちバーチャル空間に集って、自動翻訳みたいなサービスも出てきて、国境や言葉の垣根もなくなっていく。「この問題はぜひ解決してあげたい」「俺はこういう能力を持っているから手伝うよ」と、わんわんわんわん世界から才能が集まってくる。

人が共感できるイニシアティブや課題設定ができるリーダーが、お金を使わずにどんどんリソースを集められるような世の中がもうそこまで来ていると思うんですよね。逆に、これは企業側から見たら、とんでもない時代が来ちゃったことになる。

だって、一番ターゲットになるのって電通みたいな会社です。そこそこいい額の給料をもらえるし、そこそこやっていればクビにはならないけれど、自分の全クリエイティビティと関心はこちらのプロボノプロジェクトに注いでいます、というような時代が来てしまう。

杉山　会社は、社員に一つのスキルをなるべく持たせないようにして、独立させないようにするじゃない？　でも、プロボノをやることで個人の才能が花開くので、今まで、なるべく辞められないように、二重、三重に設けてあったはずの仕切りをあっという間に超えていくようになるよね。

山口　杉山さんが原稿に、クリエイティブに安易に友達を作るなと書かれていましたけれど、これもある意味そういう話だと思うんです。

人が生きていくには、まずは金融資本がある程度はないといけない。でも、それだけでは足りなくて、その人のスキルや知識などの人的資本、他人からの評判や信用などの社会資本も必要です。

で、クリエイティブに友達を作るな、営業に親友を作れというのは、社内での社会資本の強化につながる。もう一歩進んで、プロボノをやると何がいいかというと、会社の外側に人的資本や社会資本を作れるわけです。

会社が兼業を嫌がるのは、杉山さんがおっしゃられた通りで、会社の外に人的資本や社会資本を作られると、会社の外に出ることのロスが減る（会社の外に出やすくなる）からです。逆に、会社の中にしか社会資本がない、会社の中でしか役立たない人的資本ばかり身につけている人は、会社の外に出ることでものすごく資産が目減りするので、辞めにくくなるわけですね。

ただ、今の状況だと、物理的に同じ場所にいなくてもいろいろな仕事に関われるようになり、プロボノのプロジェクトにもいろいろな形で関われるようになる。そうなると、金融資本は勤めている会社がくれるけれど、人的資本と社会資本、それに加えて、心理的資本――心が健康な状態でいて、楽しさややりがいを感じられること。僕はこれが一番重要なんじゃないかと思ってます――は、社外で持つようになる。

そういう人が増えると、会社の輪郭が浸透膜みたいになって、会社がフニャフニャした存在になっていくと思うんです。今まではけっこうリジッド（硬い）だったんですね。

杉山　逆にいうと、フニャフニャでない会社というのはもうあり得ない。
おかしいんだけどさ、三〇～四〇年前の企業広告は、「不動」とか「揺るがない」ということを、いろいろな言葉に置き換えていっていたんだ。今「われわれは不動だ」なんていったら、折れそうで、柔軟性がなくてリスクそのもの（笑）。

山口　そういう意味では、昔の電通はけっこうフニャフニャした会社でしたね。

杉山　そうそう。だから電通なんか、いくらでもプロボノができると思うんだ。でも日本のサラリーマン社会って、いいことをしようとすると妬まれて、足を引っ張られるんだよね。「みんな我慢しているのに、おまえだけいいことをしていいのかよ」みたいな。

山口　ああ、そういうやっかみがあるんですね。

杉山　〝いいことをする〟のって、大きな組織の中ではかえって難しいんです。ライトパブリシティくらいのスケールだと、みんなでいいことをして、みんなで喜び、称え合えるんだけど、これが一〇〇〇人、二〇〇〇人、三〇〇〇人、一万人となると、なにかっこつけてんだよ、みたいな話になる。

山口　オスカー・ワイルド的にいうと「俺だって、こんなドブの中を這い回るんじゃなくて、星を見上げるような仕事をしたいんだよ」ということですよね。

杉山　（キョトン）

広告からデザインへ

杉山　本書の主要なテーマは「広告から〝公告〟へ」。「公告」は「公に告げる」ね。僕はこの国に一番欠けているのが「公（パブリック）」だと思っています。「官から民へ」って簡単にずっといわれているけれど、この「民」が「公」という概念を持っていないと、やりたい放題になるでしょ。それが一番怖い。

　たとえばフランスで、水道を再公営化して、水資源もコモンズ（共有地）のような形で市民が保持するという流れがある。一歩進めて、場所や資源だけでなく、スキルや考え方、経験値、才能などもコモンズのように捉えるという発想が必要かなと。

　繰り返すけれど、何でもかんでも商品化されることで、お金がないと何もできない、お金がない人は無力にならざるを得ない状況はいくらなんでも行きすぎだと思う。

　で、遍く広く伝える「広告」は、大量生産・大量消費を促すためのエンジンだった。ところが、量と規模を争うような世の中が消滅せざるを得なくなると、広告というエンジンも必要なくなる。だから、広告に元気がなくなってきたり、知的レベルが落ちてきたりしている部分があるんだけれど、「公」という概念を持つことで、広告のスキルを新たに生かせると考えているんだ。

そして、その「公」のセンスというのは、プロボノをやると身につく。プロボノに取り組むことで、伝えるべき何かを、伝える技術を持つ人が伝えていくことができる。それはとても真っ当なことじゃない？

一番エスカレートしていた時代は、需要がないのにたくさん供給して、広告で無理やり需要を生み出す、マーケットを作るようなことをしていたからね。そういう仕事をしていると、徒労感だけでなく、自分が消費されることになる。無理やり消費を促す仕事をしていると、恐ろしいのは自分が真っ先に消費されちゃうんだよね。

だから、こういう仕事をしている人の消耗というのはすごく激しいし、肝心の商品の寿命も短くなる、本人も商品も消費されるんだ。

山口　確かに、クリエイターって「旬が短い」というイメージがありますよね。僕はクリエイティブの世界を全然知らないんですけれど、パッと活躍してパッといなくなっちゃう人が多い気がします。

杉山さんって、そういう意味では、ちょっと特殊な人ですよね（笑）。消費の枠組みの中で広告表現に携わってきた方の最長不倒距離って、おそらく杉山さんじゃないですか？

杉山　まあ、長いほうかもしれないね（笑）。でも、ウチ（ライト）には神様が二人いるからね。それらに比べりゃ、僕なんてまだまだお子ちゃま（笑）。

広告は、僕は若者のハングリースポーツだと思っている。だから、そんなに長く続かない。でも、それをデザインというふうに頭を切り替えると、ゲームが変わるというか、長持ちする。デザインは、成熟した大人の知恵比べなんだよね。もちろん、表現されたものは広告に限りなく近いんだけれど、デザインは根本的に発想が異なる。そういうふうに頭を切り替えられたのが大きかったかな。

ライトパブリシティは老舗のデザインファームで、もちろんテレビコマーシャルも新聞広告も作ってるけれど、基本がデザイン発想なので、僕の選手寿命も延びたと思う。

才能が開花するには、ある種の自惚《うぬぼ》れが必要なんだけれど、その自惚れ期が過ぎたら、「公」のセンスがないと才能は枯渇する。長続きしないんだ。今までいろいろなクリエイターを見てきて、そう思います。

匿名の仕事でスランプに

山口　最後にお訊きしたかったのが、匿名で仕事をやっていたときに八方塞がりでスランプになってしまったというお話。そんなことがあったんですね。

杉山　当時はね、すごい売れっ子くんだった。本文にもある小林旭の「熱き心に」は、ある日、役員に呼ばれて「おまえ、もう名前なんか世の中に出なくていいだろ」といわれて、全然かっこつけずほんとにそう思ったし、「ああ、いいですよ」といって始まった。

　あと、丸井の「天使の降る夜に会いましょう」というクリスマスキャンペーンも三年間、匿名でやった。当時はそれでも愉しいと思ってたんだけれど、コソコソやっているといつの間にか病むし傷つくんだ。やっぱり、人は褒められたいんだよ（笑）。

山口　ちょっとやさぐれる感じなんですか？

杉山　そう。たとえば、東京コピーライターズクラブの偉い人に「恒太郎、残念だよな。丸井、名前出せないんだろう？」とかいわれると、すごくいやな気持ちになるんだよな。「熱き心に」も、「あれだけ、国民的ヒットを飛ばしたのに、おまえ、ほんとはプロデューサーだよな?」「はい」なんてやりとりがあったりしてね。
けしてそんなに強いほうじゃないと思うんだけど、やはり達成感とかカタルシスとか、今でいう承認欲求があったんだよね。ものを作る人って正当に評価されることでいろいろなストレスを消化して次に進めるのに、正当に評価されない、でも表現物自体は世間ですごく評価されているという、この乖離《かいり》がしんどいんだ。

山口　ちょっとおかしくなるんですね。

杉山　そう。そしてその後二、三年は何やっても当たらなくなってしまった。

「幸せじゃない」広告

杉山　そのとき、公共広告は僕にとって魂の救済だった。

山口　ああ、そういうタイミングですか。

杉山　広告という仕事にまったく希望が持てなくなっていたときに、公共広告に出会えた。普通の広告って笑顔しか出せないでしょ?　でも公共広告は、涙とか絶望とか病気とか死とかをテーマに広告を作れる。変な話だけれど、こんなに心が安らぐことってないんだよね。

それこそ、杉山登志さんの有名な言葉があるよね？

山口　「ハッピーでないのにハッピーな世界など描けません」？

杉山　そう。公共広告は「幸せじゃない」ことがテーマで広告を作れるわけだから、心が安らいだんだ。再び心が豊かになっていって、本当に救われた感じがした。

山口　審査委員としてカンヌ国際広告祭に行かれたのがよかったんですね？

杉山　よかった。カンヌがいいのは、世界の広告業界の中で、自分が今どの辺の位置にいて、何をやっているのかがよくわかることなんだ。

　これもフォレスト・ガンプの一種かもしれないけれど、日本で誰よりも早く、世界の公共広告の洗礼を浴びることができた。まだ傑作といわれる公共広告が日本に一つもなかった時代だね。

　広告の審査は、小さな試写室の中で、だいたい五日間で三〇〇〇本ぐらいを観る。三つぐらいのグループに分けられて、一つのグループが七〜八人。

で、商品広告だけ、やたらにＵＳＡとＪＡＰＡＮが多いの。消費大国の面目躍如（笑）、うんざりするぐらい。本当にプアーものまでたくさんエントリーしてくるから。他の審査員に失笑を買うぐらい。

ところがチャリティとか、公共広告になると突然、ＪＡＰＡＮが消える。これがまたえらく恥ずかしくてさ。椅子にめり込んで、こんなに小さくなっちゃうんだ（笑）。僕、ここにいないから、といいたいぐらい。明らかに、みんな失笑しているように見えるわけよ。だから、ここにＪＡＰＡＮが何本か入ってくる世界を作りたいと思って、次の年からリベンジが始まるわけです。

山口　その恥ずかしいと思う感覚があるかどうかというのは、けっこう大事ですよね。

杉山　まさに美意識の問題。そんなものは他の国でやってもらえばいいし、うちはそういう国じゃない、と無視を決め込んでもいいんだけれど、そこで、たまらなく恥ずかしくなって、椅子にめり込んで小さくなりたいと思うかどうかは、美意識だと思う。

で、帰国してから、講演なんかで、いかに日本の公共広告が遅れているか、世界ではこういうことをすごいレベルでやっていると熱く語ったんだけれど、ほとんどの人はポカンとしていた。でも何人かは友達が生まれるの。「じゃあ、公共広告機構を紹介するよ」なんて後押ししてくれる人が現れたんだ。

村上龍の言葉で「この国は何かやろうと決断すると、友達がいなくなる。外国は何かやろうと決断すると、新しい友達が生まれる」というのがあるんだけど、僕の場合、ちゃんと友達が生まれたんだよね。

公共広告の再定義――プロボノ

杉山　そして、その公共広告で鍛えたもの、経験したものが、そのままプロボノにつながった。だから瀬谷ルミ子さんに「プロボノでお願いします」といわれたとき、「プロボノ」という言葉はほぼ初耳だったけれど、内容的に何か新しいことをするという感じはなかったね。パブリックイメージを作るのに、どういうことをやったらいいかという基礎はできていたから。

プロボノという新しい言葉を与えられて、僕の中で公共広告が別のコンテキストに組み変わった。公共広告の「再定義」といってもいいかもしれない。

面白いのはさ、公共広告は英語では一般的に「public service ad」っていうんだけど、日本語に訳すと、真ん中の「service」が消えるの。訳せないんだよね。日本語の「サービス」って、たとえばモーニングサービスのサービス、ゆで卵一つだったりね（笑）。

山口　サービス残業とかね（笑）。

私と公と官と民、いろいろな切り分け方がありますけれど、「私」は英語で「プライベート（private）」で、その語源は「deprive」なんです。「deprive」は「奪う」という意味で、「deprived」は「奪われている」。プライベートは、元々は「奪われた状態」という定義で、何が奪われているかというと「公共性」なんです。だから、公共性が奪われた状態のことをプライベートという。

たとえば「会社にプライベートを持ち込むな」なんていいますけれど、そもそも会社もdeprivedで、公共性が奪われている。だから、私企業＝プライベート・カンパニーというわけです。本来、会社はプライベートで、その会社にパブリック（公）を任せてもうまくいかない。じゃあ、ガバメント（官）が担うのかといったら、それもうまくいかない。

杉山　「公」がないじゃない。

山口　その「公」はこっちで背負わないといけないと思うんです。

ハンナ・アーレントは、人間の仕事を「労働」と「仕事」と「活動」の三種類に分けています。

「労働」は、英語の「labor」で、彼女がいうには、消費されるものを作ったり、生きていくためにやっていることとなります。「仕事」は「work」で世の中に永遠に残るものを作るということ。芸術作品の制作などですね。で、「活動」というのが、公共性を伴ういろいろな仕事を指しています。たとえば政治参加みたいなこと。サルトルの言葉でいうと「アンガージュマン」、つまり「エンゲージメント」なんですね。

人はずっと「labor」をやっているとすさんでしまう。ライトの若い人たちもたぶん普段は「labor」をやっているけれど、プロボノは「活動」だったんだと思いますね。同じ技術を使って同じ仕事をしているんだけれど、それが「labor」から「活動」に変わった。

杉山　確かに「活動」にかなり近いよね。

山口　社会参画ということだと思います。

杉山　そうだね。人は社会的動物なので、社会活動をしないと自己浄化できないんだろうね。

山口　スランプになっていた当時の杉山さんも、仕事が「labor」的になっていたのかもしれないですね（笑）。

山口周（やまぐちしゅう）

一九七〇年東京都生まれ。独立研究者、著作家、パブリックスピーカー。ライプニッツ代表。慶應義塾大学文学部哲学科、同大学院文学研究科美学美術史専攻修士課程修了。電通、ボストン コンサルティング グループ等で戦略策定、文化政策、組織開発などに従事。『世界のエリートはなぜ「美意識」を鍛えるのか？』（光文社新書）でビジネス書大賞２０１８準大賞、ＨＲアワード２０１８最優秀賞（書籍部門）を受賞。その他の著書に、『世界で最もイノベーティブな組織の作り方』『外資系コンサルの知的生産術』『劣化するオッサン社会の処方箋』『仕事選びのアートとサイエンス』『グーグルに勝つ広告モデル』（岡本一郎名義）（以上、光文社新書）、『外資系コンサルのスライド作成術』（東洋経済新報社）、『知的戦闘力を高める 独学の技法』『ニュータイプの時代』（ともにダイヤモンド社）、『武器になる哲学』（ＫＡＤＯＫＡＷＡ）、『ビジネスの未来』（プレジデント社）など。神奈川県葉山町に在住。

あとがきにかえて

You are what you dream about.
あなたが夢見ているもの、それがあなたです。

希望について

僕にとって〝希望〟といえば、今も村上龍さんの小説『希望の国のエクソダス』で少年が発したこの言葉だ。

「この国には何でもある。本当にいろいろなものがあります。だが、希望だけがない」

ある日、無防備にこの言葉に遭遇し、僕は涙を抑えることができなかった。

村上龍さんとは、若いときに二度ほどかなりの人数の前で対談をさせてもらった縁があり、純粋に一人のファンでもあった。そんな関係性の中で、身構えることなく本を開き、〝希望だけがない〟に出会ってしまったのである。

この言葉は、今の日本においてさらにリアルに響くと感じる。希望のない心には決まって底知れぬ恐怖心が湧く。それが若者たちの心を荒廃させるのだ。

そんなとき、〝プロボノ〟の効き目を侮ってはいけない。利他的に生きるとき、われわれの脳は恐怖心を持たないそうだ。自分ではない他者を思いやること（empathy／共感力）、その共感力こそが脳を大きくし（人類学者・霊長類学者／山極壽一《やまぎわじゅいち》氏談）、それによって人類は飛躍的な進化を遂げ「社会的動物」としての地位を確立した。しかもそれは我々の脳の古い層に潜んでいると人類学者はいう。


僕は一人クルマを走らせながら音楽を聴く時間が好きだ（最近は稀にしかそんな時間は取れないが）。そんなとき、たまに選ぶのが、山下達郎「希望という名の光」。たまらなく、冒頭の詞を聴きたくなる。

〝この世でたったひとつの命を削りながら歩き続けるあなたは、自由という名の風〟

皆さん、人は自由になるために生きているんだよ。

さて最後に。

山口周くん、忙しい折、対談に付き合っていただきありがとう。難しい話をする君より、〝モモ〟や〝ＭＩ６とサナトス〟、お互い好きな〝ヴィンテージカー〟の話をするときの零《こぼ》れる笑顔がいいですよ！

拙書たちと隅から隅まで睨めっこ、そこからいくつもの言葉を掬い上げ再編集、かつての僕の戯言もすっかり甦りました！　まさにプロフェッショナルな〝編集の妙味〟を見せていただき本当に感嘆しました。ありがとう、三宅貴久局長。

そして僕といくつもの〝プロボノ〟作業に満面の笑みを見せながら熱心に取り組み、僕に勇気を与えてくれた〝ライトの若者たち〟、ありがとう！　まさに眼福を得ました。

渡辺新さんと銀座の友人たち、瀬谷ルミ子さん、安宅和人さん、馬淵邦美さん、小林弘人さん他、皆さまのおかげで遅まきながら僕はプロボノで少しだけ〝アップグレード〟したかもしれません（笑）。

杉山恒太郎

二〇二一年八月

いつも時代の一歩先にいる

河尻亨一《こういち》（編集者・銀河ライター）

『広告の仕事　広告と社会、希望について』――硬派なタイトルだが、お堅い本ではない。本書のそこかしこに、著者である杉山恒太郎氏が第一線の表現者として培ってきたしなやかで、したたかなクリエイティブ・マインドが息づいている。

随所に顔を出すアフォリズム（箴言）も含蓄がある。

「変化しなくては生き残れない」「クレームが来るＣＭは全部、つまらない」「性能を語るな、性格を語れ」「マネタイズ目的だけのものは、結果的にマネタイズされていかない」「才能とは、どれだけ怖がることができるか」ｅｔｃ．――思わず線を引きたくなる。

だが、もっとも大事なのは本書のテーマだ。広告から〝公告〟へ。これは現代のブランド・コミュニケーションを読み解く上で鍵となる視点である。広告から〝公告〟へのシフト（変化）は二〇〇八年、リーマンショックの後に顕著となり、欧米圏ではいまやメインストリームになりつつある。

それは世界最大級の国際クリエイティブ祭「カンヌライオンズ」をウォッチすると如実にわかる。本文でも紹介されていたようにいまこのアワードでは、社会課題の解決を志向する施策以外はほぼ評価されない。

私がカンヌを取材しはじめて一五年。初めて参加した年、「一〇年は続けて通ったほうがいいよ。世界の変化がわかるから」という親身のアドバイスをくれたのは杉山氏だ。その助言は正しかった。

時代軸の中で海外広告を見れば、経済・文化・技術の三つの側面から世界の変化を体感できる。それに伴って日本のいまを直視することにもなる。タレントらが歌い踊る「はしゃぎすぎ」のＣＭがいまだ幅を利かす我が国では想像し難いことだが、世界のクリエイティブはどんどんアップデートしている。「広告のパブリック化」は、サステナブルやＤ＆Ｉ（ダイバーシティ、エクイティ＆インクルージョン〈多様性、公平性、包括性〉の略）を理念とする二一世紀の時代精神の反映とも言えるだろう。

さすがに我が国もいよいよ「変化しなければ生き残れない」状況を迎えつつある。事態は思う以上に深刻だと感じる。輸入思想としての「ソーシャル・グッド」や「ブランド・パーパス」に関する情報も増えてきたが、本書が一連のビジネス記事やマーケティング書と一線を画すのは、血肉化されたロジックと実践のもとで執筆されているところだ。一九七〇年代からおおよそ半世紀に及ぶ著者の見聞と体験をもとに広告の変化が語られる。だから説得力がある。

こんなくだりも印象に残った。

「僕は基本、大量生産・大量消費のエンジンとしての広告の世界で闘ってきた人間だ。右肩上がりの競争社会の中でいかに生き抜くかばかりを考えてきた。それは確かに一定の成果を上げたが、前時代の考え方であり、仕事のやり方だ。広告が公告になる世界で、それは通用しない」

おっしゃる通りだ。だが、杉山氏自身はいまでもフィールドでプレイできている。それはなぜか？　このレジェンドはたいそう照れ屋なのでそんな素振りは見せないのだが、私には「右肩上がりの競争社会」に反骨のドロップキックをお見舞いしてきた人に思える。つまり、広告業界の〝パンク〟であり〝アンファン・テリブル〟。未来への希望にあふれた永遠の「ピッカピカの一年生」なのだ。それでいてオトナの振る舞い、嗜《たしな》みも熟知している不思議な人である。

心のどこかに少年あるいは少女を持ち続けること。変化にポジティブであること。それはクリエイターの才能というべきものだろう。映画『アメリカン・ユートピア』を観るといい。いまやデイヴィッド・バーン（元トーキング・ヘッズ）も自転車を漕ぎ漕ぎ、社会変革の音楽を皮肉も交えて生み出している。スパイク・リーが演出したこの〝ライブ・ミュージカル〟が描こうとしているのはまさに希望の社会（ユートピア）。真のクリエイターとは、希望を夢見て変わり続けることができる人を指す。

本書のもうひとつのキーワードである「希望」について、少し戦後カルチャー史を紐解きながら考えてみたい。過剰な欲望を希望に転換しようとした試みは半世紀前にも見ることができる。山口周氏との特別対談の中で興味深いエピソードが語られていた。一九七〇年、まだ学生だった杉山氏は、三島由紀夫自決事件の一部始終を市谷のビルの上から「ジーッと見てた」のだという。このとき彼はひとつの時代の終わりを目撃したのだと思う。

一九七〇年は広告も含めた日本のカルチャー史にとって重要な一年である。「広告から〝公告〟へ」の変化の萌芽は実はこの年に生まれていた。例えば「モーレツからビューティフルへ」（富士ゼロックス）。これは高度成長の価値観に異を唱えるキャンペーンだった。これを主導した電通の藤岡和賀夫は、極めて社会性の高い新しいビジネスモデルとしての「脱広告」を提唱した。アートディレクターの石岡瑛子が「広告は捨てる覚悟」で独立したのもこの年だ。

同じ年、中津川フォークジャンボリーでは岡林信康が、「私たちの望むものは」という歌を訥々と絶唱した。はっぴいえんどのメンバーをバックに出演した伝説のステージ（※YouTubeで視聴可）。解放感あふれる当時の空気がよくわかる。いまこそ聴きたい名曲でもある。歌詞から一部を引用しよう。

「私たちの望むものは　社会のための私ではなく　私たちの望むものは　私たちのための社会なのだ」

「私たちの望むものは　くりかえすことではなく　私たちの望むものは　絶えず変わってゆく　ことなのだ」

「私たちの望むものは　決して私たちではなく　私たちの望むものは　私でありつづける　ことなのだ」

本書のメッセージとシンクロする。これは希望の歌なのだ。だが、残念なことに一九七〇年の〝文化革命〟は長続きせず、結局挫折に終わってしまう。やがてオイルショックが起こると、日本経済は狂乱物価の波に飲みこまれる。八〇年代になると一転、今度はバブルの狂騒が訪れ、それが弾けると我が国はいよいよ希望のない「失われた三〇年」へと突入、世界から隔絶された内向きのガラパゴス文化が拡張していくことになった。

パリと東京で二度、文化の〝革命〟を目撃した杉山氏のキャリア・ジャーニーが独立独歩なのは、そんな時代にあってもグローバルを志向し、九〇年代には三度のカンヌ国際広告祭審査員を務めて、公共広告とデジタルに希望を見出したところだ。二〇〇〇年代には黎明期にあった日本のインターネット広告の育成に尽力し、若手の躍進をバックアップしたのち、名門デザインブティックの代表に就任している。

時代とともにアップデートを重ねる杉山氏は「ピッカピカの無邪気さ」を自身の内側で秘

かに燃焼させながら、「私であり続ける」ために変化と対峙してきたのだろう。だからいつも時代の一歩先にいる。

その〝最新バージョン〟がこれまでの仕事によって培われた知識や経験、スキルを活用して社会貢献を行う「プロボノ」であることは合点がいく。混沌の時代、プロフェッショナルが仕事の喜びと誇りを取り戻したいのなら、ヒントは利他の活動にある。

河尻亨一（かわじりこういち）

編集者、銀河ライター主宰。一九七四年大阪市生まれ。雑誌『広告批評』在籍中には、広告を中心に多様なカルチャー領域とメディア、社会事象を横断する数々の特集を手がけ、国内外の多くのクリエイター、キーパーソンにインタビューを行う。現在は取材・執筆からイベント、企業コンテンツの企画制作ほか、広告とジャーナリズムをつなぐ活動を展開。カンヌ国際クリエイティビティフェスティバルを一五年にわたって現地取材するなど、海外の動向にも詳しい。『TIMELESS 石岡瑛子とその時代』で第七五回毎日出版文化賞受賞（文学芸術部門）。訳書に『CREATIVE SUPERPOWERS』がある。

杉山恒太郎（すぎやまこうたろう）
1948年東京生まれ。立教大学卒業後、電通入社、クリエーティブ局配属。'90年代にカンヌ国際広告祭国際審査員を3度務めたほか、英国「キャンペーン」誌で特集されるなど、海外でも知られたクリエイター。'99年デジタル領域のリーダーとしてインターネット・ビジネスの確立に寄与。トラディショナル広告とインタラクティブ広告の両方を熟知した稀有なキャリアを持つ。電通取締役常務執行役員等を経て、2012年ライトパブリシティへ移籍、'15年代表取締役社長就任。主な作品に小学館「ピッカピカの一年生」、サントリーローヤル「ランボー」、AC公共広告機構「WATER MAN」など。国内外受賞多数。'18年ACC第7回クリエイターズ殿堂入り、'22年「全広連日本宣伝賞・山名賞」を受賞。

広告《こうこく》の仕事《しごと》　広告《こうこく》と社会《しゃかい》、希望《きぼう》について

2022年11月30日初版1刷発行

著　者 ── 杉山恒太郎
発行者 ── 三宅貴久
装　幀 ── アラン・チャン
印刷所 ── 堀内印刷
製本所 ── 国宝社
発行所 ── 株式会社光文社
東京都文京区音羽1-16-6（〒112-8011）
https://www.kobunsha.com/
電　話 ── 編集部03（5395）8289　書籍販売部03（5395）8116
業務部03（5395）8125
メール ── sinsyo@kobunsha.com

1207
データ管理は私たちを幸福にするか？
自己追跡《セルフトラッキング》の倫理学
堀内進之介

スマホなどを通じた利己的な自己管理はどのように利他や社会へと接続可能か。リスクを検討しつつも「人文的な」批判に終始せず、慎重で開放的なスタンスから改革を提言する。

978-4-334-04579-1

1208
牟田口廉也とインパール作戦
日本陸軍「無責任の総和」を問う
関口高史

いつ、誰の、どのような意思決定で計画・実施されたのか？失敗の原因はどこにあるのか？ 軍事研究のプロが緻密な分析で、従来の牟田口像とインパール作戦の「常識」を覆す。

978-4-334-04616-3

1209
検証 内閣法制局の近現代史
倉山満

首相官邸や財務省を抑え込むほどの力を持つ内閣法制局。その力の源はどこにあるのか？ ロングセラー『検証 財務省の近現代史』『検証 検察庁の近現代史』に次ぐ、三部作完結編！

978-4-334-04617-0

1210
エベレストの空
上田優紀

緑溢れる麓の街道、標高８０００ｍからの夜明け、天空に突き刺さる黒い頂——。挑戦した人だけが知るエベレストの全貌をネイチャーフォトグラファーが鮮やかな写真とともに描く。

978-4-334-04618-7

1211
鎌倉幕府抗争史
御家人間抗争の二十七年
細川重男

源頼朝亡き後、鎌倉幕府は異常ともいえる内紛と流血の時代を迎えた。御家人同士の抗争劇から浮かび上がる鎌倉時代初期の政治史と、武士たちのリアルな生き様を活写する。

978-4-334-04619-4

1212
萩尾望都がいる
長山靖生

『ポーの一族』『トーマの心臓』『11人いる！』『イグアナの娘』…SF、ジェンダー、多様性、親子関係etc.、常に時代の先を行くその表現に我々は何を学んだのか。魅力と活躍の軌跡を辿る。

978-4-334-04620-0

1213
いままで起きたこと、これから起きること。
「周期」で読み解く世界の未来
高城剛

社会は循環し、万物に周期が存在する。２０２０年代の現在、あらゆる分野のサイクルが幾重にも重なる転換点に立っている。時代の大波を知り、サバイブするためのヒントを共有する。

978-4-334-04606-4

1214
ＩｏＴと日本のアーキテクチャー戦略
柴田友厚

いま、なぜアーキテクチャー戦略が重要なのか？　トヨタ、ダイキン、コマツ……世界で成功している企業から何が学べるか？　二つの重要なキーワードから、日本企業が採るべき道を探る。

978-4-334-04621-7

1215
会話を哲学する
コミュニケーションとマニピュレーション
三木那由他

会話とは言葉をもって互いに影響を与え合う営みなのか？　漫画や小説などを題材に、コミュニケーションとマニピュレーションという二つの観点から、会話という行為の魅力を解き明かす。

978-4-334-04622-4

1216
住宅開発秘史
昭和の東京郊外
三浦展

戦後、住宅難から発生した土地開発バブルによる悲喜こもごものドラマを経て郊外は発展していった。当時の不動産チラシをもとに跡地を訪ね、家と町の歴史を考証する新しい住宅史。

978-4-334-04623-1

光文社新書

1217
農家はもっと減っていい
農業の「常識」はウソだらけ
久松達央

「農家」の8割が売上500万円以下という残念な事実／農地転用という農家の「不都合な真実」／——農業に関する様々なウソに丁寧に反論し、これからの日本の農業のあり方を考える。

978-4-334-04624-8

1218
宇宙を動かしているものは何か
谷口義明

約一三八億年前に生まれ、膨張を続ける宇宙。謎が多いこの宇宙は、私たちが思っている以上にシンプルだ——。鍵を握るキーワードとは？ 天文学者が「宇宙のエンジン」を総点検。

978-4-334-04625-5

1219
射精道
今井伸

射精は一日にしてならず——思春期から中高年まで、知っておくべき正しい扱い方と心構え、練習の重要性とは。性機能と生殖医療の専門医が、各年代で現れやすい問題と対策を解説。

978-4-334-04626-2

1220
日本の高山植物
どうやって生きているの？
工藤岳

乾燥、強風、のちに豪雪——。過酷な環境に咲く可憐な高山植物には、したたかな生存戦略があった。この道三十年の植物学者が語り尽くす〝高嶺の花〟の秘密と魅力。

978-4-334-04627-9

1221
痛みが消えていく身体の使い「型」
伊藤和磨

日常動作の「型」を知り、実践し続けることで、慢性痛や不調が消えていく——「伝統＋科学」で正しい姿勢とフォームを身につける。すべての「型」やエクササイズを動画で解説。

978-4-334-04628-6

1222
「友だち」から自由になる
石田光規

「友だち」とはメッセージ性が強すぎる概念だ！　古代ギリシアの時代から「友だち」がいかに変質してきたかを示しつつ、それでもなお成立する友情について探る。現代人のための新しい友人論。

978-4-334-04629-3

1223
アメリカの教会
「キリスト教国家」の歴史と本質
橋爪大三郎

福音派って何？　宗教右派って何？？　数多《あまた》ある宗派、分裂、統合、栄枯盛衰……現代アメリカの「なぜ？」を理解するために、植民地時代から現在に至るまでを丁寧に辿り解きほぐす決定版。

978-4-334-04631-6

1224
死は存在しない
最先端量子科学が示す新たな仮説
田坂広志

死後、我々はどうなるのか。「肉親」と再会できるのか。なぜ、「最先端の科学の知見」と「最古の宗教の直観」が一致するのか。この本を読み終えたとき、あなたの人生が変わる。

978-4-334-04630-9

1225
日本のピアニスト
その軌跡と現在地
本間ひろむ

「ピアニスト」という言葉の響きが放つ魔力――。日本のピアニストたちが歩んできた軌跡を辿りながら、今日、私たちが目にしている「新しいピアニスト像」までを射程に入れて考察。

978-4-334-04632-3

1226
観光立国・日本
ポストコロナ時代の戦略
箱谷真司

外国人訪日客99％減――。インバウンド受け入れの本格再開後、どのように観光産業を再生するか。日本各地を巡りDXやSDGs、観光公害対策など、現場の挑戦と葛藤を追う。

978-4-334-04633-0

1227

新地方論

都市と地方の間で考える

小松理虔

「都市」と「地方」。二項対立ではない視点から改めて地方を10のテーマで考えたときに、見えてくるものとは何か。福島県いわき市を拠点に、多彩な活動を続ける著者の思考と実践の記録。

978-4-334-04634-7

1228

不安型愛着スタイル

他人の顔色に支配される人々

岡田尊司

自己肯定感が低い、気を遣いすぎて疲れてしまう、感覚が敏感で体調を崩しやすい……生きづらさの理由、そして克服や治療法は？　職場や家庭での周囲の対応の仕方も事例を交え詳述。

978-4-334-04635-4

1229

広告の仕事

広告と社会、希望について

杉山恒太郎

広告から〝公告〟へ。日本の広告界のレジェンドが、自らのクリエイティブを振り返りながら、広告の未来を熱く鋭く語る。山口周氏とのロング対談を収録。解説・河尻亨一氏。

978-4-334-04636-1

1230

「美食地質学」入門

和食と日本列島の素敵な関係

巽好幸

蕎麦を育む火山、出汁を支える山脈、日本酒と地球の大変動――。多彩な和食が生まれた理由は日本列島にある!?　地下深くで密接に結びつく二つの意外な関係をマグマ学者が丁寧に紐解く。

978-4-334-04637-8

1231

時を超える美術

「グローカル・アート」の旅

新見隆

ローカル（地域、身近なもの）を大事にしながらグローバル（世界のありかた）につながる――。そんな「グローカル」な精神を宿した美術作品や芸術家に触れた「芸術風土記」エッセイ。

978-4-334-04638-5